（基金项目：平顶山学院校级精品在线开放课程
“婚姻家庭法律与伦理”项目）

先秦的商业道德及其现代价值

李建立　著

中国纺织出版社有限公司

内 容 提 要

本书从先秦商业道德产生的时代背景出发，对先秦商业道德的理论基础和文化渊源进行了梳理，从而引申出理论基础与商业道德内容之间的关系，重点考察当时历史环境中所孕育的商业道德的主要内涵，注重分析其各要素之间的逻辑关系等，以便对商业道德主要内容的面貌有一个全面把握，并分析先秦商业道德对社会的影响，并阐释了其现代社会价值，以便我们能够以一个正确的态度看待古代的商业道德思想，构建以诚信为要义的商贸交易活动准则，提升人们的道德素养，构建新时代的社会主义商贸活动道德规范，促进社会主义市场经济有序的发展。

图书在版编目（CIP）数据

先秦的商业道德及其现代价值 / 李建立著 . -- 北京 : 中国纺织出版社有限公司 , 2022.6

ISBN 978-7-5180-9242-0

Ⅰ . ①先… Ⅱ . ①李… Ⅲ . ①商业道德 — 研究 — 中国 — 先秦时代②中国经济 — 社会主义市场经济 — 研究 Ⅳ . ① F718 ② F123.9

中国版本图书馆 CIP 数据核字 (2021) 第 272965 号

责任编辑：王　慧　　责任校对：高　涵　　责任印制：储志伟

中国纺织出版社有限公司出版发行

地址：北京市朝阳区百子湾东里 A407 号楼　邮政编码：100124

销售电话：010—67004422　传真：010—87155801

http://www.c-textilep.com

中国纺织出版社天猫旗舰店

官方微博 http://weibo.com/2119887771

北京虎彩文化传播有限公司印刷　各地新华书店经销

2022 年 6 月第 1 版第 1 次印刷

开本：880 × 1230　1/32　印张：5.75

字数：150 千字　定价：88.00 元

序言

中华优秀传统文化是中华民族的突出优势，是我们在世界文化激荡中站稳脚跟的根基，须结合新的时代条件传承和弘扬好。在对传统道德文化内涵的发掘和时代意义的阐释中，即呈现了学术理论对传统道德文化认识加以深化的过程，同时，也彰显了传统道德文化的时代价值。

“天下熙熙，皆为利来；天下攘攘，皆为利往。”史学家、文学家司马迁在《史记·货殖列传》中一语道破普通人的人生追求。诚然，作为一个生活在古代或当代社会中的普通人，首先要考虑的可能就是如何在这个社会中生存下去。这样，追逐利益尤其是物质利益也就很自然了。对商人来说，情况更是如此，通过经商以逐利更是无可厚非的事情。

但是，商人之间的逐利行为也存在云泥之别。最低境界的商人唯利是图。当今，一些企业主被金钱至上的价值观所腐蚀，他们在商业活动中无视市场经济伦理，不遵守市场经济规则，采取违背市场道义的方式来谋取不义之财，假冒伪劣、欺骗欺诈、违反合同，危害国家与人民的利益。他们不仅对国家和社会的物质财富增加没有做出任何贡献，更极大地破坏了社会道义。从这个意义上说，韩非将“修治苦窳之器，聚沸靡之财，蓄积待时，而侔农夫之利”的商工之民，斥为“五蠹”之一，并非妄语。一般的商人则能够守法经营，他们在法律和道德许可的范围内本本份份地经商营利，也已经难能可贵了。但是，最高境界的商人则把经商当成事业来做。他们不仅能够恪守商业道德，诚信经商，通过自己的勤劳和智慧谋取应得之利益，更能够将商业做到这样的高度：通过商业活动，一方面使得国家和社会财富不断增加，为满足人民日益增长的对美好生活的需要作出了巨大贡献；另一方面，在商业活动中展现了淡泊名利、无私奉献、诚信至上的美德，从而让社会变得更加温暖、和谐、可爱。真正的商人和真正的商业文化就应该是这样的。但也毋庸讳言，经商能够达到这样的高度，也绝非易事。目前，商业伦理水平还有一些不尽如人意的地方，亟需得到提升和完善。

因此，寻找优秀的商业伦理的源头活水，让一汪清泉给干旱的商业环境带来清凉和绿意，就成为非常有价值的事情。从此视角来看李建立的专著《先秦的商业道德及其现代价值》，我们认为，在深化市场经济秩序建设的新时代，此书的出现就有了很强的现实性和针对性，其对深入挖掘传统商人的文化传统，创建符合时代气息的商业道德，促进经济活动的顺利发展，构建起符合社会主义的商业道德，都具有极为重要的意义。

本书内容丰厚，论证深入，尤其值得肯定的是论述客观公允。首先，从先秦商业道德产生的地理环境、当时的社会生产方式和商业活动的社会实践三个方面向读者介绍了先秦商业道德孕育的历史条件。其次，从“仁者爱人”的思想、“诚”“信”“智”“勇”的人格品质、“以公灭私”的公私观、“以义制利”的义利观、“尽职尽责”的敬业思想和诸子其他人物思想六个方面展开，追根溯源，深入挖掘先秦商业道德形成的思想渊源。最后，进入论述的重心：先秦商业道德的主要内容和先秦时期商业道德的特点。先秦商业道德的主要内容，本书阐释为重诺守信、诚实向上的商贸美德，明道济世、爱国济民的伦理情怀，持事以敬、苦中取乐的创业精神，尊重“市场规律、因势利导”的交换理念和家庭经营的特色五个方面，先秦时期商业道德的特点，则阐释为以爱国主义为基础、以忠信不欺为基石、以货真价实为要点、以艰苦创业服务社会为己任、以重人伦的道德关怀为着重点五个方面。这就是当代商业伦理应该向古代商业伦理学习并将其发扬光大的地方。接下来关于“先秦时期商业道德文化的优势与发展受限性”的相关论述，可见作者不仅对先秦商业道德文化积极性的高度评价，同时也客观地关注到其发展所受到的局限性，这充分体现了本研究的严谨性。

全书最后谈先秦时期商业道德的现代启示：继承明道济世爱国济民的伦理情怀，提倡报国爱民，传承“义以为上”思想，提倡义利互补，继承“守信重诺、诚实守真”的思想，提倡信义经商，继承“持事以敬、苦中取乐”的敬业精神，提倡乐业奉献，继承“公正无私、天下为公”的公私观，提倡竭诚为民，继承家庭忠信教育的习惯。高度关注先秦时期商业道德的现代启示，致力于古为今用，这应该就是本书现实性和针对性的最好呈现。

如果商业真的能够将“义”放在第一位，将商业运作当作实现“义”的一种途径而非只是一种使财富增加的手段，那么，商业就可以突破对物质利益的单纯追求而更追求道义和人性的圆满，实现“善”和“美”的交融，成为推动完美生活实现和发展的一种极其伟大的

事业。这也应该是所有经商者乃至整个人类在心目中描绘的最美的一幅社会图景。毕竟，适者生存只是基础，美者生存才是应然指向。

李建立多年来致力于马克思主义理论与思想政治教育研究，此次将研究精力放在道德哲学方面，希望通过古代优秀的商业道德促进中国当代商业道德的进步，用心良苦，成果可嘉。我们相信，有了此书的介绍，当代商业文化必会更加健康地稳步前进，也为进一步深化研究古代商业道德文化提供了相应的借鉴价值和启示。可以说，在传统道德文化的挖掘上，本书呈现了依托学理、聚焦现实、服务社会活动的价值取向。

毋小利

2021 年 11 月 20 日

前言

智能技术正在使媒体领域发生一场空前绝后的巨大变革，一个以智能为中心的智媒时代正在开启，智能技术使得人的活动空间拓展到网络空间，人类要面对自己创造出来的“智能机器”，人类活动范围和关系从人与人、人与社会的关系拓展到人与“机”的关系。智媒时代的到来，也带来了用户角色的变化，由“专业媒体”转为“万众皆媒体”的媒体信息革命。参与主体不仅是人，未来还有可能是“智能机器”。对于参与者来说，带来了一种全新的变化：社会关系的一种全新的依存空间。从虚拟经济到“互联网+”，共享经济、社群经济、场景经济、数据经济等进入我们的生活视野之中，各种利益与冲突相互交织在一起，势必影响着人们的经济、交往、社会生活。尤其在市场经济负面因素的作用下，商业贸易活动领域出现了一些违背商业道德的现象，如商业诚信精神的缺乏，假货横行，违背道义追求利益等，对社会的发展与人们的正常生活带来不小的影响。由此，在商贸活动领域重塑人们的诚信精神，提倡“以义制利”，主动地遵循商业道德就显得尤为必要了。

商业道德就是在商贸活动中调整参与交易人员的道德规则和当事人所应当拥有的道德素养，从一定意义上来说，就是在商贸活动中参与交易活动者应当遵守的道德规范。商业道德，从某种程度上来说，就是一定的社会文化与道德在商贸活动领域中的具体再现，并且呈现了当时国家意识形态的要求和社会经济发展的客观诉求，由于商业道德自身所拥有的特性与所处的社会地位，商业道德的建设与发展势必影响着国家、社会经济的发展，关系到人们道德素养提升。而当今一些商贸活动中商业伦理的缺失及由此造成的不良现象对人们树立商业道德的信心带来了重要的影响，势必有可能导致人们对于道德建设信心的缺失。

在 5000 多年文明发展进程中，中华民族创造了博大精深的灿烂文化，要使中华民族最基本的文化基因与当代文化相适应、与现代社会相协调。

中华民族既有历史悠久的文化，也有值得传承的商业道德文化，它们对于建设社会主义市场发展的规范具有可供借鉴的历史支撑，市场经济的发展激发了人们寻求利益的积极性和主体性，为社会创造了更多的财富，但是，市场经济的缺陷和弊端也会随之而显露出来，影响着人们之间的交往，侵蚀商贸活动的规则。为了过多地寻求利益，出现了缺斤短两、以次充好、假冒产品等现象。在这种情况下，构建以诚信精神为核心的交易活动规范，就提到了保障市场经济顺利发展的日程上来。而继承和学习古代商业活动中的诚信、友善、公平等文化传统，是当前我们应当继承和弘扬的传统文化精华部分，也是着手开展社会主义商业道德建设应当用心呵护的一份极为珍贵的历史遗产，更是继承和弘扬的宝贵精神财富，为我们构建社会主义市场的运行规范供应了历史支撑。

本文对于古代商业道德的研究，主要侧重于先秦商业道德思想的研究，侧重于对先秦商业道德的理论基础和文化渊源进行梳理，尤其注重从内在的精神动力来进行结合，进而分析指出先秦商业道德产生的理论基础，从而引申出理论基础与商业道德内容之间的关系，重点考察当时历史环境中所孕育的商业道德的主要内涵，尤其注重分析其各要素之间的逻辑关系、主要思想等，以便于对商业道德主要内容的本真面貌有一个全面把握。在完成上述考察之后，重新反思商业道德主要内涵，以及如何与市场经济进行契合，如果要契合，会对当今社会有何影响。

鉴于此，本文尝试从其产生的时代条件出发，论述了先秦商业道德的理论基础与理论渊源，进而阐释了先秦商业的主要内容，并分析先秦商业道德对社会的影响及其现代社会价值，以便于我们能够以一个正确的态度看待古代的商业道德思想，构建以诚信为要义的商贸交易活动准则，提升人们的道德素养，促进社会主义市场经济有序地发展，构建新时代的社会主义商贸活动道德规范，较好地把继承和弘扬融合起来，以便于为当今社会主义道德建设发展提供相应的文化支撑。

作者

2021 年 11 月

目录

绪论

当今，智能技术正在使媒体领域发生空前绝后的巨大变革，一个以智能为中心的智媒时代正在开启。智能技术使得人的活动空间拓展到网络空间，人类要面对自己创造出来的“智能机器”，人类活动范围和关系从人与人、人与社会的关系拓展到人与“机”的关系。在商业交易活动中，人们面临着商业道德问题的困扰，有些问题依靠法律显得无从下手，传统伦理道德倒可以提供有益的借鉴。正如习近平总书记所言：“要讲清楚中华优秀传统文化的历史渊源、发展脉络、基本走向，讲清楚中华文化的独特创造、价值理念、鲜明特色，增强文化自信和价值观自信。”❶

在社会经济的发展过程中，道德与法律发挥着重要的作用。习近平总书记指出：“发挥好道德的教化作用，必须以道德滋养法治精神、强化道德对法治文化的支持作用。”❷新时代，在国家经济发展中，领悟好道德与法律在国家中的重要地位，继承传统美德，必将让我们更加深入了解道德在社会发展中的地位，形成“讲道德、尊道德、守道德”的社会氛围，建构起一种契合新时代需求的道德，

❶ 《习近平谈治国理政》第1卷，北京：外文出版社，2018年第2版，第164页。

❷ 《习近平谈治国理政》第2卷，北京：外文出版社，2017年第117页。

用传统伦理道德文化来充实我们的头脑，汲取继续前进的智慧和力量，这显然是时代赋予我们的一项亟需解决的任务。

一、关于本课题的概念界定及研究目的

随着古代社会商业贸易活动的发展，人们交易活动的区域扩大，虽然有重农抑商的思想干扰，但不容置疑的是伴随着工商业进一步的发展，在商业交易活动中，伦理道德问题显得更为重要。

（一）何谓道德

道德是一种实践精神，是实践精神把握世界的独特方式。马克思在《政治经济学批判导言》中指出："这种方式是不同于对世界的艺术精神的、宗教精神的、实践精神的掌握的。"[1]在人与人、人与社会的交往中，尤其在贸易活动中，道德无处不在，商人的道德是商人的灵魂，商业道德大厦的根基就是商人魂魄中自由、正义、主动、自觉的实践精神，更是商人在商业贸易活动中对于商业的实践精神的独到把握。说到伦理精神，从某种程度上来说，就是一种精神升华，"它是指以特有的善恶、正邪形式从根本上集中地反映社会存在和社会经济关系的一种社会意识形态现象，是一种伦理意识上的心理状态、价值取向和精神气质。"[2]

对于道德内涵的分析，有的学者主张"规范性"。持有这种学说的学者，多主张道德是人的行为规范或者行动遵循。罗国杰认为："道德是一种特殊的调解规范体系。"[3]他主张道德对人的行为活动

---

[1] 《马克思恩格斯文集》第8卷，北京：人民出版社，2009年第25页。

[2] 王泽应著：《义利观与经济伦理》，长沙：湖南人民出版社，2005年第82页。

[3] 罗国杰主编：《伦理学》，北京：人民出版社，1989年第51页。

和交往行为起着规范和调解作用。同样，高校本科生所使用的《思想道德修养与法律基础》课程中对道德的定义是："道德是一种非制度化的规范"。从上述对于道德的内涵分析我们可以看到，这些对于道德的认识都是基于这个前提，道德可以调控人的行为，并且对人的活动和交往行为具有相应的约束力和规范力，这种约束力和规范力可以转化为人内心的认知和情感，从而在实践活动中来规范自己的行为。

主张"品质论"学说的学者提出，道德是人的内在品质和内在素养的结合。学者李萍认为："道德是指秩序与个体品德修养的二者统一。"[1]其主张道德应当是人的活动中所显示的品质和内在素养，作为指导人的行为和交往行为的规范，其不仅具有一定的规范作用，而且在活动中更显示了人的内在品质和素养，而在生活中，坚持"品质论"学说，其行为和交往活动进行并不仅仅完全依靠个人内在的品质和素养，也要依靠相应的规范来进行辅助。

还有的学者坚持"道德主体论"，这种认识对应于规范论的主张，其学说的核心思想就在于把道德的调节和规范作用超脱出来，把重心放到人的主体存在上，更多关注到人自身的主体性道德行为上，势必主张主体道德的人来调控自己的精神活动，宋希仁学者认为："道德是人的主观意识和客观伦理关系相结合生长出来的。"[2]这一观点突出了人的自我主体性，强调了人的主体性是与意识有着密切的联系。马克思曾经指出："道德是一种实践精神。"

可见，道德它不仅在于主体基于大多数人的社会生活的感受而

❶ 八所高等师范院校编：《马克思主义伦理学》，贵阳：贵州人民出版社，1982年第91页。

❷ 宋希仁：《伦理与人生》，北京：教育科学出版社，2000年第10页。

产生出对社会生活意义和目的的看法，而且更在于行为主体内心自觉并支配自己主体性的行动，甚至自觉地愿意为之献身而义无反顾。就其发生机理和活动来说，实践活动是道德认识的源泉，道德是人的发展活动依赖的方式，也是社会关系的调节方式，其是在理想层面引导人的行动，在社会层面来制约、协调人们之间活动的品质与行为、品德与规范的活动。道德是人的自我物质与精神追求，其在一定的条件下具有相应超越物质的能动性和主体性的精神，理想与社会发展之间的一种实践的动态的调整机制，在调节人与人、人与社会、人与自然、个体自身的发展中起到了平衡的作用。

（二）何谓商业道德

何谓商业道德？古代就有“诚实守信、买卖公平”的说法，一直被人们所津津乐道。商业道德就是探讨交易活动中人们的道德关系及其内在规律，这种探讨意义就在于使得商业活动和参与商业活动的人既能够利于自身发展，又能利于社会经济的发展，使得调整交易活动的商业伦理精神建构起来。谈到古代商业道德，有的人认为是古代商人在交易活动中调整交易活动的道德规范，而有的人则认为是古代商人在交易活动中的道德规范和准则，还有的人认为是协调商贸交易活动参与者的道德规范和准则。在古代从事商贸活动的不仅有商人，还有地主、士人等，他们参与商贸活动的道德规范也应该包括在内。在古代商贸活动中，调整、处理交易买卖活动参与人的道德规范和准则，约束卖方的道德规范和准则，为人们所津津乐道。

从狭义上来说，商业道德就是在商贸活动中调整双方关系的道德规范和准则，从某种程度上来说，即在商贸活动中参与者应遵守的道德规范。实际上，除了交易活动外，还有生产、分配、消费等活动中的道德关系，广义上的商业是包含这些关系的。因此，本文所谈论的先秦商业道德，既有活动上狭义的内涵，也有空间上广义的阐释。

商业道德是指在商贸活动关系中应遵循的道德规范，而商业伦理精神则是指在商贸活动中所呈现的整体价值观与风貌，也是商贸活动准则的精神升华的呈现。这种商贸活动中呈现的价值观念，是以参与交易活动的交易行为与思想为评价对象，依靠善恶、正义与邪恶等参照标准，来调整人们之间的利益关系，以便于保证交易活动的顺利进行，实现由实然向应然的方向转变。可以说，商业道德在商贸活动中充当着调整、鞭策、鼓舞的作用，这种作用的实现是依赖于社会舆论、人的道德信念来促成的。

（三）选题的目的与意义

随着经济活动的快速发展，商业贸易活动合作性、公平性越来越强，而一些不合理的竞争、欺诈等行为在交易活动中不时地凸显出来，如何规范、引导这些新的现象，成了我们需要面对的时代课题。为了规范约束这些道德失范等方面，吸收传统商人的文化传统，创建符合时代气息的商业道德，促进经济活动的顺利发展，构建起符合社会主义的商业道德，具有重大的意义。

第一，可为市场经济活动的顺利进行提供参考的依照。为了保障商贸活动的顺利开展，一般使用法律和道德这两个有效方式，而使用道德来调整商业主体的行为，既可以弥补规则硬性的缺陷和不足，又可以降低相应的成本，传统商业道德中诚实守信、买卖公平、见利思义等方面，可以为经济活动提供价值指引，还可以为改善商贸活动的外部环境提供参考根据。

第二，可为商贸活动的发展和商业活动的主体提供价值指引。商贸活动中求利的驱使导向，对于经济活动中利益追求的行为要能够“因势利导”，以便于对财富的追求能够有度有节。弘扬传统商业道德，说明了在商贸活动中既要考虑利益，又要有更高的道德精神追求，而传统商业伦理精神倒可以提供相应的参考资源，唯有这样，才能使经济活动能够持续地进展下去。

第三，可为经营者、商业活动的主体提供价值指引。在经济活动中，商业经营者的活动要达到经济效益和社会效益的统一，其价值理性的问题凸显出来，商贸活动不仅仅在于利益追求，而且更在于为民众的价值驱使。古代商业道德诚实守信、买卖公平等，对于商贸活动的开展，对于推进经济活动的道德氛围有着重要的理论意义。

二、研究状况的综述

关于商业道德的研究，中外学者有较多的论述。概述来说，主要有两大类：专著和学术论文。

（一）关于商业道德的专著方面

在专著方面，对于商业道德做了详细阐释的，如王少哲编著的《商业道德》（河北人民出版社，1984 年）一书分析了道德的历史发展，说明了职业道德占据着重要的地位，论述商业道德与两个文明的关系，商业道德如何形成的以及在商业活动中的基本原则，详细分析了商业道德与商品购销、存储、宣传、市场管理之间的关系，提出了商业道德的任务与方法，以便于更好地提升商业声誉。

戴顺芳编著的《现代商业道德》（东南大学出版社，1992 年）一书分析了道德本质、产生与发展，解释了职业道德与社会主义商业道德之间的关系，讨论了如何加强职业道德方面的建设，提出了社会主义人道主义原则以及商业道德主要规范，如货真价实、信誉第一、诚信无欺、遵纪守法、廉洁奉公等，并希望从业人员提升自己的道德修养，做一个品德高尚的商业工作者。

江雪莲编著的《现代商业伦理》（中央编译出版社，2002 年）一书提出了道德与商业伦理之间的关系，讨论了商业伦理与社会发展之间的关系，重点阐释了中西方商业伦理的历史发展过程，并对商业领域出现的伦理问题，提出了现代商业伦理规范主要设想，如公平交易、优质服务等，并对商业伦理规范行为选择与评价提出了自己的解决思路，要注重加强商业伦理的制度化、专门化建设等。

严斌全编著的《商业职业道德》（广东高等教育出版社，1987 年）一书解释了职业道德概念及其原则，要求敬业的职业志向，增强职业的荣誉感，树立良好的商业信誉，把握好顾客的心理，进行好职业道德规范的实施等。

余龙生编著的《明清商业伦理思想研究》（江西人民出版社，2016 年）一书侧重于明清商业伦理研究，重点分析明清时期山西、陕西、福建、江西、河南、山东、浙江等商帮的商业伦理思想，并提出了传统商业伦理思想的近代如何转型，以便于为建立现代商业伦理体系提供翔实的借鉴经验。

王泽应编著的《义利观与经济伦理》（湖南人民出版社，2005 年）一书概括了市场应当具有的伦理精神，“诚信、买卖公平、市场平等、交换互利”等精神。其他专著还有如朱德贵、朱莉琼玉编著的

《新时代中国商业伦理精神》（社会科学文献出版社，2019 年）则是专门从商业伦理视角来阐释商业方面的论著，李刚、刘建仓编著的《诚行天下：中国传统商人诚信文化探寻》（中国社会科学出版社，2012 年）侧重于在诚信的基础上来阐释诚信文化的作用及现实启迪。

（二）对于商业道德的论文方面

研究商业道德的论文比较多，概括起来主要有以下几个方面：

（1）侧重从商业道德内涵方面来着手进行阐释。主要有陈瑛的《古代商业道德》，徐少锦的《中国古代的商业道德》（《哲学研究》1997 年第 10 期）论述了诚信、市不豫贾、乐善好施、爱国守法等，两位著名学者从商业活动中凝练了古代商人良好的职业品质，并对古代商贸活动中伦理精神进行了精炼，其中对于古代商贸活动中商业伦理进行了总结。还有如肖群忠的《论商业道德基本规范》（《兰州交通大学学报》2004 年第 5 期），张晓的《晋商商业伦理道德及其现代价值》（《生产力研究》2005 年第 5 期），廖启云、周玉萍的《晋商商业道德的内涵》（《道德与文明》2003 年第 8 期），以上论文从古代商业道德规范方面进行了阐释，内容丰富，是论述古代商业道德必不可少的资料。

（2）从现代角度来论述商业道德，这方面的论文主要有：张晓的《晋商商业伦理道德及其现代价值》（《生产力研究》2005 年第 5 期），甲鲁平的《商业激烈竞争背景下公民道德素养提高》（《现代商业》2019 年第 10 期），刘艳的《从道德角度变化看我国高等院校商业伦理教育的必要性》（《高教探索》2016 年第 8 期），王小龙的《对商业道德一种经济学的分析》（《经济研究》1998

年第9期），文启湘的《构建现代商业道德体系的思考》（《商业经济与管理》2002年第12期），高兆明的《主观善、客观善与商业道德》（《浙江社会科学》2004年第1期）。

（3）以商业道德为主题的硕博论文也比较多，主要有刘曦彤的《我国商业银行信贷资产证券化动机与道德风险研究》（对外经贸大学2017年博士学位论文），张娜的《保险营销员商业道德敏感性》（北京科技大学2015年博士学位论文）。硕士论文主要有张慧仙的《当代中国商业道德建设研究》（首都师大2009年硕士学位论文），肖钦的《宋代商业行会道德研究》（湖南工业大学2011年硕士学位论文）。以上论文主要是从现代视域下来研究商业道德的，研究古代商业道德侧重于其历史作用，更多地侧重于资料的收集与整理，而对于商业道德理论渊源与根据、理论内涵分析等方面感到还有提升的空间。

上述研究成果，既有综合性、系统性的研究，也有针对性的研究；既有侧重于现代商业伦理的研究，也有侧重商业道德具体内容方面的阐释；相比较而言，专门注重阐释古代商业道德的成果尚不多见，较为常见的是针对于现代商业伦理或者商业道德的研究居多。值得一提的是，由于收集的资料与时代的限制，无论从哪个视角来进行商业道德思想问题的研究会有一定的局限性，有的研究还停留在史料的梳理上，疏于进一步的理论阐释。同时，即使有部分学者涉及先秦时期，但是对先秦时期商人的伦理思想及现代价值还有待进一步的挖掘。先秦商业道德的研究，不仅应当回归到当时的历史环境中去，还应当梳理出商业道德思想的理论依据与渊源，从历史的维度来说，对于先秦商业道德思想影响比较大的儒家等哲学思想，尤以儒家思想的影响力更为广泛，其中以儒家的诚信思想更是被商贸活动所推崇，传统商人都把“诚交天下客，誉从信中来”当成了自己的经商格言，并在商贸活动主动去追求“货真价实、童叟无欺”等，逐渐地践行了“见利忘义”等道德理念，把儒家的仁、义、礼、智、信等思想逐渐渗透到商贸活动中去。

虽然，学者对商业道德做出了大量的贡献，有些问题还是值得我们深入去思考的。一是古今结合问题，我们知道，商业道德是一门经济学与道德相交汇的学科，应当关注古代商业道德问题，还应当能够就现实中商贸困惑问题给予回应，显然在古代商业贸易交换活动中一些原则与规范或许能够给我们有益的启示和借鉴。二是有些学者更多的是注重当今商业活动中伦理精神的建构，正如习近平总书记所言:“要讲清楚中华文化的独特创造、价值理念、鲜明特色，增强文化自信和价值观自信。”历史在于探求既往社会的“特殊的真”，本书挑选特定的时空及其特定人物而探求真，正是本书追寻的基本方法。这种意识依赖于进程，来自先秦时代，商人日常生活势必进入我们商业道德研究的视野，用商人的道德规范和生活行为来阐释当时的商业道德规范，以便于呈现昔日商业活动中“特定方面的系统化的关联性陈述”。

三、研究目标与研究方法

研究目标：本文从历史叙事的视角切入，对先秦时期商业道德的内容及其现代价值进行全面的回顾和系统梳理，并将其产生的条件和思想文化渊源进行了梳理，以便于总结出先秦商业道德的主要内涵，同时对其进行了详细的阐释，以便于对当今商业贸易活动提供有益的借鉴价值和经验，力图呈现以“历史回顾—主要内容—未来展望”为线索的先秦商业道德的研究成果。

拟采取的研究方法：

（1）辩证唯物主义和历史唯物主义方法。古代商业道德不是人的头脑凭空产生出来的，而是来源于当时的社会物质生活条件，与当时社会经济发展紧密相联，不论这种关系是融合还是冲突，是精华还是糟粕，只有坚持马克思主义的立场来研究古代商业道德，才能够得出可行性的结论。

（2）文献研究法。通过文献中古代商业道德有关理论进行深度挖掘，对先秦商业道德的思想渊源进行历史回溯，从而深入地探讨古代商业道德的内容，通过搜集和整理先秦时期有关的商贸活动相关资料，归纳总结先秦商业道德的时代特征和内涵。同时，通过对相关商业道德相关文献进行系统的对比、分析和扬弃，进一步凝练出先秦商业道德主要内涵。

（3）学科交叉法。关于商业道德研究涉及经济学、社会学、哲学、马克思主义理论等相关学科的内容，是一项复杂的系统工程。对先秦商业道德的研究自然也就离不开多学科交叉的研究方法，研究中将借鉴不同学科的研究方法和研究视角，进一步丰富商业道德研究的相关理论。

（4）理论与现实相结合的方法。商业道德是理论和现实结合很紧密的课题之一，只有把握好理论与现实相结合的方法，才能够更好地认识、了解先秦商业道德的孕育与发展，才能够较好地分析先秦商业道德的价值，以便于更好为现实提供借鉴价值。

基于以上的研究方法，本书的主要框架如下：

绪论部分主要论述了先秦商业道德的研究意义、状况和方法。

第一章主要论述了先秦商业道德孕育的历史条件，主要从自然环境、社会环境和商业实践活动三个方面来展开，着重分析商业道德产生的社会经济条件和商业实践活动等。

第二章对先秦商业道德形成的思想渊源进行了阐释。在前人研究的基础上，着重从以下几个方面进行了阐释，如“仁者爱人”的思想，“诚”“信”“智”“勇”的人格品质，“以公灭私”的公私观，“以义制利”的义利观，“尽职尽责”的敬业思想等，这些道德思想是先秦商业道德产生的理论源泉，是这些道德文化思想在商业实践活动中的反映，是一个动态融合中孕育了先秦商业道德。

第三章着重分析了先秦商业道德的主要内容，主要从以下几个方面来阐释：重诺守信、诚实向上的交易活动美德，明道济世、爱国济民的伦理情怀，持事以敬、苦中取乐的创业精神，尊重市场规律、因势利导的交换理念，家庭经营的特色等。

第四章阐释了先秦商业道德的特点，既然产生于先秦时期，它不仅与先秦时期的商业活动紧密相联系，而且具有自身的时代特点。它是以爱国主义为基础，以忠诚不欺为基石，以货真价实为要点，以服务社会为己任。

第五章阐释了先秦商业道德文化的优势与发展受限性。先秦时期的商业伦理道德产生于特定的历史时期，具有自身发展的优势，但是，也具有一定的局限性，主要是源于当时特定的历史环境，源于道德文化发展的规则匮乏。

第六章阐释了先秦商业道德的现代启示。本章对先秦商业道德与现代市场经济的冲突及现代价值进行了论述。笔者在分析历史文献的前提上，着重阐释了先秦商业道德的价值和影响，从发扬报国助民的思想，提倡义利互补，提倡信义经商，发扬敬业奉献、勤劳节俭的思想等方面进行了论述，以便于回答在市场经济条件下为何更好为社会发展服务。

结语部分在概况的基础上，总结了先秦商业道德的内涵及现代价值。

第一章　先秦商业道德孕育的历史条件

先秦时期，我国是世界上较早就开始商业贸易活动的国家之一。商业活动频繁，并且看到了商业利益对于贸易活动的积极作用，在商贸活动中注重伦理道德，如“善者因之”，对于财富的追寻应当克制，不能肆无忌惮，毫无节制，难能可贵的是“以义制利”的提出，商人们追求利益应当受到道义的约束和制约，追求利益应当合于制度的规定且不能损害其他方的合法利益。在先秦商业活动中，商人们在进行贸易活动时，心中始终在衡量“义”与“利”的关系，并且把“义”放到了利益前面来进行考量，做到在符合社会正义的前提下来追求利益，“不义且富贵，于我如浮云”。

众所周知，先秦时期，商业交易极为频繁和兴盛，形成了相当大的规模，在交易活动中“利因道而生”被人们自觉地遵守。先秦商贸活动与当时的道德思想有着极为紧密的联系，道义的“普照之光”照射到了商贸活动领域，照射到了买者和卖者双方的贸易交换活动中去，并对他们产生了至关重要的影响，“君子爱财，取之有道”，不仅影响着交易双方的贸易活动，而且对于商人进行实际的贸易交换活动具有直接的工具性意义，从而在这里逐渐地孕育与发展了交易活动中的商业道德规范——先秦商业道德，这些可贵的商业道德认知不仅对于商贸活动的顺利发展具有重要的作用，而且对以后交易活动有着重要的影响，至今仍然被人们所津津乐道，并被人们弘扬与发展。

先秦时期在商业道德的形成历史方面占据着重要的地位，它是我国商业道德思想的孕育与萌芽时期，对于以后商业道德思想的发展具有重要的影响，这一历史时期，商业道德思想开始产生与发展，与当时的历史因素、文化活动、商人参与等有着密切的关系。先秦时期商贸活动的发展，不仅带动了当时社会经济的发展，而且为商业的发展提供了广阔的平台，从而孕育了商业道德。先秦商业道德是指在先秦时期商业活动中，从事商贸活动的参与者应当遵守的道德规范和具有的道德素养，这种道德规范主要是为了调解商贸活动中买卖二者之间交易活动的利益关系，可以对双方的商业活动进行指导与调整，并能够制约商人思想认知与交易活动的伦理规则。同时，商业道德规范作为交易活动双方应当遵守的行业规范，发挥着基础性的地位，它是当时社会伦理道德原则在商贸活动中的映射和呈现，是传统伦理规范的有机构成部分。

由此，从历史的流传来看，先秦商业道德是伴随着商业活动的进展而发展的，是时代孕育的结果，也是先秦时期伦理文化侵染的必然产物。商业道德从孕育的那一天开始，就携带着善与恶的交织较量，商业道德思想从某种程度上来说就是善良与邪恶的较量历史，也是一部充满着诚信与正义的商贸活动历史。正是在这种商贸活动的快速发展中，以及这种倡导公平与诚信的伦理氛围中，商业道德得以顺利成长起来，不仅促进着社会经济活动的发展，而且逐步完善与发展。

一、先秦商业道德产生的地理环境

自然地理条件对于一个国家的经济发展至关重要，商贸活动同样也受到地理环境的制约，显然，自然地理条件对商贸活动的作用不是直接性的，但是它的影响是渐进的，这种渐进的影响是不能忽视的，应当引起我们重视。这是因为，自然地理条件的优劣是影响商贸活动的重要因素，如当地环境条件好，适宜农作物的生长，这样就有利于商贸活动的发展，反之，就会阻碍商贸活动的发展。再如一个地区的交通发达，道路畅通，势必有利于商贸活动的发展，反之，则会阻碍商贸活动的发展。在先秦时期，由于当时生产力与科技水平还比较低下，农业活动靠天吃饭，商贸活动对于自然地理环境的依赖性也是比较大的，有的时候，甚至生产力发展了，科技水平提高了，从某种意义上来说，商贸活动对自然地理环境的依赖有时候是科技所无法替代的。

自然地理环境对于农业发展有着重要的影响作用，有利的地理环境可以促进农业的发展和人口繁衍。我国位于欧亚大陆的东部，西有高原，东是平原，北有广漠，东南是海，西南是山这一广阔的大陆上。这一广大区域是广大居民得以生活、发展的一块土地，西高东低，东南部分降水多，西北内陆降水少，逐渐地形成了以黄河流域的旱田耕作和长江流域的水田耕作模式，是一个半封闭的、内向型的区域，围绕土地进行农业生产，日出而作，日落而息，年复一年地重复着这样的耕作模式，农业中主导是粮食作物和养蚕业，自给自足，慢慢形成了男耕女织的自然经济；人与人之间交往多集中在家一族一村庄之间，几乎不向外流动，维持人们之间交往靠的是相互信任和亲情之爱，带有血缘关系的宗族组织是社会稳定的基础，众多的家族依据大江大河为中心生活下来。正是靠众多的丰富水利和牢固的家族组织把大家凝聚起来，这是农耕文明发展的基础，也是中华民族凝聚持久的根基和源泉。

在平原、丘陵地区，由于交通方便，先秦居民商业活动就较多，从咸阳可直达临淄，从咸阳沿渭水东行，出函谷关，东行到荥阳，进入大平原地带，然后经居天下之中的定陶东北上，沿济水南岸，东行到临淄。先秦时期的商旅东西往来，大多沿着这条线路进行。南北干线，南起楚、都、陈等地，往东北渡易水直达燕国蓟城。我国的地势西高东低，河流自西向东流入海洋，交通方便。已有运河的兴修，济水与泗水之间出现了人工开凿的运河黄沟。著名的鸿沟据说是徐偃王所修，西起荥阳，东流经大梁，转东南入淮水，以通宋、郑、蔡、曹、卫，并与济、汝、淮、泗会合，在广大区域内形成了一个水上交通网。春秋末期，吴国也开凿了邗沟，通江淮，北会济、汝、泗水，船只可浮江淮，转达大河。这些工作虽说当时是为军事而建造，但也促进了社会经济的发展。农耕文明生活下的人们安分厚道、中庸平和，具有自己内生性、稳定性、持续性、平和性的特点，这也是中华文化虽然不断经历朝代更替而持续流传下来的重要原因。

西方文明较早在欧洲出现，尤其是在地中海沿岸，农作物种植和牧业得到平衡发展，而不像中国那样牧业占的比重很少。因种植结构不同，西方农业发展不像中方那样追求精耕细作和投入大量的劳动力，同时，牧业发展不仅提升了人们的饮食结构，而且解放了一些劳动力，间接催生了商贸活动的发展。在人与自然方面，征服自然是人们的中心话题，喜欢探究事物的概念性阐释，形成了概念

性实体的理性思维，在征服海洋中凸显了人们的自由权利意识和竞争意识。为了保证交易活动顺利进行，每一个人把自己行为活动的需要让渡到公共意识和公共活动上来，并遵守彼此的约定，社会契约因此成立起来。由商业活动发展起来的社会契约精神与中方农耕文化形成的中庸平和、诚信的特性具有显著的不同。

自然条件的地区不同以及作物生产的不同，使得农业多集中在平原沿海区域，实际上，商贸活动的区域分布大致上与农业活动区域类似，平原地区土地肥沃，适合农作物的种植，“人得平土而居”，（《孟子·腾文公上》）易于农作物的管理与收获，并且平原地区土地灌溉便利，禹“尽力乎沟洫”（《论语·泰伯篇》），农作物能够得到充分的灌溉，尤其在先秦时期工商兼重，得到发展，《管子·小匡》上记载有“制国以为二十一乡：商工之乡六，士农之乡十五。”商业得到了发展，为商贸活动的顺利进行奠定了基础。

总的来说，由于受到地理环境的制约，先秦时期的商贸活动区域大体上与农业活动区域比较类似，多分布在东部沿海及平原地区，受到地理环境影响制约比较大。同时，内向型的活动空间也使得先秦时期商人的商贸活动范围主要是平原地区进行得较多，对外开展贸易活动教育，尤其与海上其他国家交流较少，这样的地理环境也使得商人们主要在内陆地区进行，缺乏与外界更多的交流机会。

二、当时的社会生产方式

对于调整商贸活动的道德规范，它不仅受到社会关系的影响，还受到利益关系的作用。“一定的经济制度和关系需要建立什么样的道德规范，不是取决于人们的主观意愿，而是取决于经济运行的客观要求。”❶正向马克思主义指出的那样，“物质生活的生产方式制约着整个社会生活、政治生活和精神生活的过程。不是人们的意识决定人们的存在，相反，是人们的社会存在决定人们的意识。”❷社会存在决定社会意识，文化作为一种社会意识形态，归根到底是由社会存在决定的，商业道德作为职业道德的形态，归根到底也是社会物质生产作用的，是当时人们物质生产关系的反映。

首先，是受到宗法制度和家族制度的影响。古代中国是以农耕文明为主，血缘为纽带，以家族为基础，以忠孝为核心，形成了以血缘为基础的宗法等级制度，宗族的放大就是国，皇帝就是最高的族长。人们依靠土地而生活，土地是其赖以存在和发展的基础，对土地有发自内心的眷恋之情与依赖之情，易于形成知足及乐于现状的伦理情怀。封建土地私有制关系取代农奴制以后，封建地主与农民的关系固定下来，农民与地主依附的关系因土地而更加巩固下来，农民依靠土地劳作的自然经济一直是封建社会的主旋律。农民依附于土地养活，向外活动很少，人们之间的联系愈加紧密，集体和家族观念浓厚，其又以血缘上的嫡庶、长幼而固定下来，形成了层次关系，下一等级对上一等级的遵从与服从可以建立子弟对父兄忠孝等血缘和家族宗法基础上的，由此以血缘关系为基础建立了宗法等级制，这样，就形成了以血缘关系为纽带的宗法制与家族制。人们被视为宗法伦理关系中的构成部分，人们的存在是为宗法伦理规范尽义务的，人们在社会中充当什么样的演员，不是由自己所能决定的，而是被宗法伦理关系左右的。以礼教为核心的宗法伦理关系越

❶ 乔法容、朱金瑞：《经济伦理学》，北京：人民出版社，2004 年第 149 页。

❷ 《马克思恩格斯选集》第 2 卷，北京：人民出版社，1995 年第 32 页。

来越禁锢人的内心，“以义制利”规范和调整商贸活动，商人的活动也自然而然受到了伦理宗法的制约。

商业道德是对人们交换活动的伦理调节，它要求参与交易活动双方自由交易自己的产品，并遵守诚信，做到货真价实，双方都是为了利益的交换与实现，商贸活动实质上就是利益交换活动，通过交换双方的利益得到了实现，得到了利益最大化，双方利益的实现与协调就是做到了道义，而实际上商业道德就是维护这种利益关系的顺利进行。正因为有着复杂的社会交往活动，以及商人与交易者之间的利害冲突，显得商业道德的存在更为必要，俗话说：“买卖不成仁义在”，道义的调整不仅仅局限在当时进行的商贸活动，而且延伸到交易活动之外，它还是一种伦理精神的存在，因而它的调整无时不在。

其次，商业受到国家的影响和制约。商人与商贸活动对于一个国家经济的发展至关重要，管子曾说：“士农工商四民者，国家之石民也。”商业对于社会来说，重要性不言而喻，但是古代由于重农抑商的观念的影响，商贸活动的发展受到了很大的限制。先秦时期，商人与商业经济的发展是受约束的，商人和手工业者他们本身是受到官府管理的，商人与手工业者一样，隶属于官府，供公家的官吏来管理和使用，叫作“工商食官”（《国语·晋语》），事实上，这种存在的形态说明了商人和商贸活动的区域狭小，且受到官府的约束和管理，在官吏的管理下进行活动，这样就限制了商人和商业活动的自由，据记载 “戎器不粥于市；用器不中度，不粥于市；兵车不中度，不粥于市；布帛精粗不中数、幅广狭不中量，不粥于市；奸色乱正色，不粥于市；锦文珠玉成器，不粥于市；衣服饮食，不粥于市；五谷不时，果实不熟，不粥于市；木不中伐，不粥于市。”（《礼记·王制》）商贸活动以及交换产品都只能在官府限制的种类内进行一定程度的发展，这样势必制约了商人的主体性发挥。

随着历史的发展，井田制逐渐走向没落，而民间的商贸活动发展也使得社会矛盾随之凸显出来，官府经营商业与私人进行的商贸活动之间不断地发生冲突。最终，商人及商贸活动的发展进一步加快了领地制度的瓦解，在这个瓦解的过程中，商人及商品经济的发展所起到的作用是显著的，“现在商人来到了这个世界，他应当是这个世界发生变革的起点。”[1]说明了商人及商贸活动发展对于社会经济的推动作用，从一定意义上来说，他们就是商业活动的生产力，对于促进社会的变革，商人与商贸活动的作用功不可没。

商人及商贸活动是受到宗法制度和工商食官的影响，这样特殊的历史情况，也势必造就了商人们的对外求新意识受到了压制，虽然与西方的商人所处环境来说，缺失了锐意进取的创新品质，但是，长期的共处在一起生活反而促成了商人们休戚相关、荣辱与共的共同体情怀，在这样的环境氛围下，实际上有利于促成商人们重视整体利益的家国情怀。

最后，受到小农经济的影响。古代社会小农经济的影响是深远的，“田有封洫，庐井有伍”（《左传·襄公三十年》），延续数千年的男耕女织成为家庭基本模式，勤俭持家、崇尚平均等，小农意识与道德交织在一起，在这样的耕作经济模式中，乐于知足，尤其家庭农业与手工业结合在一起，一家一户成了社会生产的基本元素，这种生产模式导致了用于交换的产品数量是有限的，也是影响商贸

[1] 《马克思恩格斯全集》第25卷，北京：人民出版社，1975年第1019页。

活动发展缓慢的直接因素。孟子说："劳心者治人，劳力者治于人，治于人者食人，治人者食于人。"（《孟子·滕文公上》）实际上就是当时家庭劳作形态的写照，也是对商贸交换活动的印证。同时，小农经济提供的产品数量上不是很充足，造成了市场规模不是很大，古代商业发展缓慢是受到小农经济的制约。虽然商人及商贸活动受到种种苛刻的限制，但是这种新生的事物还是得到了发展，在商业交易活动关系中对于商业道德的形成起到了有力的推动作用，促进了商业道德的孕育与发展。

先秦时期，商人及商业活动的发展，不仅有着利益的实现活动，而且有着精神上、情感上的交流，在交换活动中，伦理精神不仅涵盖着交易活动本身，而且延伸到交易活动之外，"买卖不成仁义在"，诚信伦理拓展到交易活动之外。在交易活动中，商人及其商业活动会受到这种交换活动的影响，而且以适当的形式，如善与恶等道德形态表现出来。总之，当时的社会环境不仅为商人及商业活动提供了条件，而且这种社会关系也是商业道德产生的基础，为其商业道德形成提供了客观条件。

三、商业活动的社会实践

众所周知，只要有商贸活动的进行，商业道德就孕育在其中了，并随着商贸活动而逐步发展起来。中国的商业道德就是伴随着商贸活动而形成的，一定历史条件下的商贸活动是孕育商业道德思想的直接源泉，商业道德的产生也不例外，它也是与当时的商贸实践活动密切相关的，并在商贸活动中逐渐认识到只有依靠诚信与良好的信誉才能赢得顾客，才能占有市场，才会取得持续不断的收益。

（一）商业活动的发展

先秦时期商业道德的孕育与发展与当时的商贸活动有着紧密的联系。我国的商业活动最早是物与物之间进行交换，在原始社会后期畜牧业与农业开始分开以后，出现了剩余产品，人们也从现实的生活中认识到，用自己的物品可以去换来自己家庭中没有的东西，这种有利的交换行为对于双方都是有利的。《淮南子·齐俗》中有记载："地宜其事，事宜其械，械宜其用，用宜其人，泽皋织罔，陵坂耕田，得以所有易其所无，以所工易其所拙。"当双方都有剩余的产品，都有物物交易想法的时候，也就具备了交换的条件，商品就在此时登上了历史的舞台。

原始社会各部落由于在不同的地区，具有不同的地理资源与物品，这也为双方进行物物交换提供了条件和基础，"我们也看到了游牧民族和没有畜群的落后部落之间的分工，从而看到了两个并列的不同的生产阶段，也就是看到了进行经常交换的条件。"[1]随着生产力的发展，当产品增多的时候，交换活动就会增加，交换的区域就会扩大，同时，这又进一步推动了产品的生产扩大。

春秋战国时期，由于铁制工具的使用，手工业发展很快，产品增多，交换比以前更加的频繁，《史记》中记载："日夜无休时，不召而自来，不求而民出之。"伴随着交换活动的进一步发展，官府发行了铸币，进一步推进了商贸活动，种类繁多，市场物品丰富，据李斯的《谏逐客书》中记载："夜光之壁，犀象之器，江南金锡，西蜀丹青，宛珠之簪，傅玑之珥，阿缟之衣，锦绣之饰。"市场随

[1] 《马克思恩格斯全集》第21卷，北京：人民出版社，1965年第189页。

处可以见到各地的物品。同时，战国时期商业的快速发展，也得益于交通的改善，如魏、齐、赵三国之间修建了一条大道，叫作“午道”，为商人贩运物品提供了方便。在水运方面，运河的兴修沟通了河道，连接了长江、黄河、淮河等，使得各地“服牛辂马”，以行四方，各地物品在市场上都可以看到，为物品流通提供了便利，方便了物品的交易。《左传》中记载：“吴城邗，沟通江淮。”水利的兴修使得江河的交通畅通起来，对商贸活动起到了推动作用。物品交换已经逐渐成为人们日常生活中不可或缺的事项了，如“懋迁有无，化居，烝民乃粒，万邦作乂。”（《尚书·皋陶漠》）交通的方便给物品交易带来了更多的便利，在这个历史时期，选取合适的产品、合适的地点参与到交换中来，或者利于物品的市场需求是更多商人的选择。《韩非子·说林上》曰：“鲁人身善织屦，妻善织缟，而欲迁徙于越，或谓之曰：‘子必穷矣。’鲁人曰：‘何也？’曰：‘屦为履之也，而越人跣行，缟为冠之也，而越人被发，以子之所长，游于不用之国，欲使无穷，其可得乎？’陈轸贵于魏王，惠子曰：必善事左右。’”随着水陆交通的发展，物品流通更加快捷，各地物品在市场上可以容易买到，而商人们也注重了对各方地理和民俗风情的把握，说明了商人善于利用交通因地制宜，合理选择物品，选配上合适的销售地点。

商贸活动的顺利开展，得益于手工业的快速发展，进入市场的产品种类增多，并且官府采取了利于商贸活动开展的措施，如发行铸币，改善出行的设施等，这些都为商贸活动的发展创造了有利的条件，商人人数不仅增加了很多，而且活动的区域扩大。例如，商代的商族人的祖先——王亥。据说他利用车辆到很远的地方去进行交易，北边达到黄河以北，《世本·作篇》中记载："相士作乘马，核作服牛。"因为他是商代的人，由此大家把他及他所带领的人称为"商人"，其称谓延续到至今。历史的发展使得专门从事商贸活动的阶层出现——商人，商人就是专门从事商贸活动的人，自然而然商业也就逐渐发展起来。

在商贸活动中，人们把有信誉且能够童叟无欺的商人称为"义商"，反之则称为"奸商"，人们把道德的认识与感悟集中到商人身上，也暗示了人们在商贸活动中对于诚信的重要性认识的提高，说明人们开始把是否依据商业道德进行交易和商人的道德品质挂上钩来。实际上来说，一个人如果具备崇高的道德品质，在商贸活动中势必会主动去遵守道德规范，交易活动要求讲道义。可见，商业是生产力发展和商贸活动开展作用的结果，也是经济发展的必然结果，这样说明了商贸活动进展到了一个新的境界。

（二）重视商业活动

先秦时期，一方面，统治阶级对商业活动态度的变化也是影响商业发展的重要因素。另一方面，生产力与生产关系的交互作用更是促进商业发展的基础。

首先，生产力的发展使得产品增多，为商贸活动的发展提供了必要前提。春秋战国时期，代表着生产力发展重要标志——铁器的使用。用铁器开始制造农具，使得农田耕作数量得以提升，效率得以提高，配合牛耕的使用，铁犁开始应用，提高农业生产水平，农业产量增加。铁器代替铜器，是先秦时期农业发展重要的改革，促进了手工业方面的发展，如丝织业、刺绣等水平得以提高，更多的

独立手工业者出现在历史舞台，他们需要采购原材料，出售自己的劳动产品，这些方面使得商贸活动的范围和种类进一步地扩大。生产力的发展使得农产品的种类和数量增多，为商业活动的扩大提供了必要的前提。“商不出则三宝绝”。产品种类增多为商人们进行商贸提供了可能，物品不仅有农产品，还有丝、布、铁、牲畜等，而且还有珍奇的物品，种类繁多，商业活动的发展也使得各地的产品参与到交换活动中来，商贸流通的发展进一步促进了各地的劳动产品和物产商品化。

其次，“工商食官”被突破。西周时期，参与商贸交换活动主要被官府把控，手工业者和奴隶为官府管理，称为“工商食官”（《国语·晋语》）官府控制着商贸活动主要态势，并且可以影响着商品的交易，交换产品的种类、好坏、数量只能在官府许可的范围之内操作。“弗损益之，无咎。负吉，利有攸往，得臣无家。”（《易经·损上九》)同时，参与交易活动者的身份低下，不被贵族重视。“出入都市，一旦不知返数，然夏终于斯役而已。”(《盐铁论·国疾》)“商贾大者积贮倍息，小者坐列贩卖，操其奇赢，日游都市。”(《汉书·食货志上》)商贸活动就成了市场的主要内容，“百工居肆以成其事。”（《论语·子张》）市场交易活动，求利逐金成了人们日常的心态，“夫富贵，则人争归之，贫贱，则人争去之。”（《风俗通义·穷通》）

春秋后期，由于生产力与生产关系的相互作用，手工业者逐渐增多，私人产品增多，私人工商业逐渐上升，“工商食官”的局面被突破。为了得到私人工商业的支持，在公元前658年，郑国与商人联合起来，“通商宽农”，发展商业活动。还有亡国的百工以及流亡到民间的商贾，比较有名的例子就是东周时期参加朝廷作乱的工官，后来散落到民间，这件事情也说明了商贾和低级的官吏参与到打破“工商食官”的荆棘中来。

最后，官府支持商业的发展。商业的兴盛，交换的频繁，这也与官府重视商业发展有一定的关联。在战争中，奴隶参与到战斗中来，又一跃成为小工商业者，“克敌者，上大夫受县，下大夫受郡，士田十万，庶人工商遂，人臣隶圉负。”（《左传·哀公二年》）在市场交易活动中，由于工肆之人的逐步上升，到市场上出卖自己的物品增多，这些人们具有小商人的角色。一般说来，到了春秋后期，拥有自由的角色，能够参与到市场交易活动中的自由商人逐步增多，这些拥有行动方便的自由商人逐渐成为一个新兴的社会阶层——行动自由的商人。

春秋五霸，齐桓公为首。齐国的国力之所以强大起来，是与其鼓励商业发展有联系的。“通商工之业，使渔盐之利。”（《史记·货殖列传》）官府不仅重视商贸活动的发展，而且选任有商业头脑的管仲为相，进行大胆的改革，采取了多项利于商业发展的措施，如“昔圣王之处士也，使就闲燕；处工，就官府；处商，就市井；处农，就田野。”（《国语·齐语》）实行官山海，谓山设置铁官，海设置盐官也，有官府来管理和经营盐、铁等山海资源，这种控制式的“今夫给之盐策，则百倍归于上，人无以避此者，数也。”（《管子·海王》）就拿铁来说，由官府和私人来享有，“量其重，计其赢，民得其七，君得其三。”（《管子·轻重乙》）还有要求农户伐薪，煮沸火为盐，用盐来进行商贸活动赚取利润，管仲善于“通轻重之术”，（《管子·国蓄》）认识到了市场在商贸活动中的作用，“市者，天地之财具也，而万人之所和而利也。”（《管子·问》）“后十月，管

子令人之鲁梁，鲁梁之民饿馁相及，应声之正无以给上。鲁梁之君既令其民去绨修农，谷不可以三月而得，鲁梁之人籴十百，齐粜十钱，二十四月，鲁梁之民归齐者十分之六，三年，鲁梁之君请服。”（《管子·轻重戊》）商业的繁荣也带来了经济的发展，国力的强盛。

再如，郑国的官府也非常重视商业，既有利于商业发展的措施，也有重商、尊商的传统道德，历经数年而不朽，对人们的思想观念影响是比较大的，郑国的子产执政以后，重视商贸活动的发展，据《左传·昭公十六年》记载，有索取玉环的美德故事，子产以与商人签订契约为理由，说道：“而谓敝邑强夺商人，是教敝邑背盟誓也，毋乃不可乎？”（《左传·昭公十六年》）子产通过自己的行动保护了商人的合法权益，并且给其他商人好的示范，由此，重视商业发展的措施得到商人们的拥护，商贸业发展很快，据说子产“为相三年，市不豫贾。三年，门不夜关，道不拾遗。”

为了进一步促进商贸活动的开展与经济之间的交往，各诸侯国的官府不仅在国内采取了利于商业发展的措施，而且各个诸侯国之间也订立相关的协议来维护正常的商贸活动。

公元前 651 年，齐桓公在葵丘会盟各个诸侯国，订立了相关的协议，其中就有涉及关于商业及交换活动的盟约，如“敬老慈幼，毋忘宾旅”和“毋曲防，毋遏籴，毋有封而不告。”（《孟子·告子下》）公元前 562 年，鲁、晋、宋、纪、曹、齐、莒、邾、薛、小邾、郑等国于亳订立盟约：“凡我同盟，毋蕴年，毋壅利，毋保奸，毋留慝，救灾患，恤祸乱，同好恶，奖王室。”（《左传·襄公十一年》）同时，商贸活动的发展，交换的频繁，各个地区之间不统一的铸币以及度量单位给交换带来了不小的麻烦，利于交换发展的度量统一的呼声越来越高，如对于物品的测量尺度上，晋国使用夏尺，为 24.63 厘米，中原地区习惯用红黍尺，即用一百粒红黍排起来得到长度，为 23.1 厘米，商鞅改革采取了 23.1 厘米，这意味着随着政治而完成了度量单位的统一。实际上，交换范围扩大和物品增多，客观是要求统一度量单位，这样有利于物品的流通与交换。

衡制更为五花八门，当时就是 1 斤的物品，因为有斤、两、镒釿等，重量方面也会出现偏差，当时是以立方之寸黄金为 1 斤的重量，而对于尺的标准不一致，会导致 1 斤之中不一致，后来在秦统一后才得以完成。虽然交换的物品比以往明显增多，但是自然经济的形态还是占据主导态势，农耕经济和手工业的紧密联合使得这一形态更加巩固，商业的发展整体上还没有摆脱农耕经济的束缚，自然经济的主导地位并没有因为商贸活动的快速发展而产生动摇。

但是，我们还要看到，在古代社会，这种对商贸经济的促进作用还是有限的。究其原因：一是生产力还没有充分发展起来，生产出来的物品还是十分有限的，市场交易活动的区域主要集中在黄河流域，后来集中到长江流域，交易活动的区域还是十分狭小的。活动范围不是很广泛，主要原因就在于当时实行的是农耕经济，农村主要还是一家一户的小农经济形态，吃饭穿衣等生活用品基本上靠家庭自身来解决，生活一些必需品，如盐、铁制农具等依赖于市场，这些产品使得市场发展规模受到一定的限制。二是战争的影响。诸侯各国之间各地称雄，相互之间不断发起战争，不仅影响商贸活动的发展，而且由于诸侯各国之间度量衡不同，有的诸侯国对商人征收较高的赋税，这些方面反而限制了商贸活动的发展，如《左传·襄公十一年》中就记载：有齐、鲁等诸侯国之间订立盟约，商议“毋

蕴年”“毋壅利”等，这些盟约的订立主要是对当时限制商贸活动的规则加以协调，以便于物品的流通，保障商人的合法地位，这些盟约的订立也说明了商人处境的艰难，商贸活动处处受到制约。

到了战国时期，手工业奴隶的解放，手工商业得到进一步的发展，使得产品的种类和数量得以增多，手工业者所需要的生活生产资料在商贸活动中进一步增加，这就使得进入市场中的交换物品比起以前得以增多，如粮食、麻、漆、畜等更多进入交换活动中来。

总之，先秦时期的商贸活动达到了一个新的水平，促进了社会经济的发展，促进了人口向城市流动，也间接地促进了商贸活动的发展。

（三）士而商的涌现

士在《礼记》中解释为：“士相见之礼，挚，冬用雉，夏用腒。”一般是指具有相应文化知识的人，对士的概括，“志于道，据于德，依于仁，游于艺。”（《论语·里仁》），孟子则是对士认为要具备相应的文化知识和道德素养，“士何事？”孟子曰：“尚志。”《国语·鲁语》对士的理解为：“士，朝受业，昼而讲贯，夕而习复，夜而计过无憾。”综合二者对于士的认识，士由于儒家知识分子的加入，其大多具有相应的文化知识，并在从事社会活动中也能保持较高的职业素养。

春秋战国时期，伴随着生产力水平的提升，铁器的使用，冲击了“工商食官”制度，自由商人——这个庞大的队伍壮大起来，尤其是士的加入，改变了以往商贾或商人出身卑微的现状，士人经商，或亦商或士，生活经营商业，商业做大以后去做官，出现了许多士而商、商而士的现象。儒家知识分子加入从商队伍，是为了利用一

切机会来挽救“礼乐崩坏”的社会，他们“君子忧道不忧贫”“谋道不谋食”。（《论语·卫灵公》）士而商的出现，促进了物品交流，使得各地可能不算是交易物品，经过商人贩运也成为另一地方喜欢的物品，“夜光之壁，犀象之器，江南金锡，西蜀丹青，宛珠之簪，傅玑之珥，阿缟之衣，锦绣之饰。”（《谏逐客书》）各地的物品逐渐成了市场上常见的商品，儒商功不可没。“人肩摩，市路相排突。”“朝衣鲜而暮衣蔽。”市场繁荣，物品种类繁多，商人经过长途贩运，“贱买而贵卖”，家敦实而富裕，家富而扬名。显然，儒商的加入和带头示范，起到了关键性的作用。“多钱善贾”已经是商人有名的俗语。

从对于社会的态度上来说，士而商的现象，其占据着一定的经济与政治地位，也是倾向着进步一个新崛起的阶层，其扭转了商贸活动从业人员文化水平不高的现状，是社会变革的推动力量，更多的人在以后的道路行进中与地主阶级联合起来，推动了商贸活动的进展。例如：舜的时代，相传舜：“顿丘买贵，于是贩于顿丘；传虚卖贱，于是债于传虚。”（《尸子》）商代末期的吕尚未遇到文王以前，在朝歌于孟津的市肆做过“屠夫”“卖饮”的营生。《离骚》中记载：“吕望之鼓刀兮，遭周文而得举。”子贡，孔子的得意门生，很会把其商贸活动的规律，“臆则屡中”，并能够把商业做好、做大，“贱买贵卖，从中牟利”，子贡所驾驶的马车到往各地，官府都用高贵的礼节来招待他，不是一般的私商所能够相提并论的，主要原因就在于士而商的身份，不仅在于其财富之多，更因为其作为孔子的学生，是社会上著名的士。这些士人经商，不是为了富贵而是为了民众，这种为天下为公的责任意识，更是一种进取的精神，

追求不是个人的享受，而是为了天下民众都能安居乐业。

许多士人加盟，改变了从商人员的队伍结构，提升了商人的文化层次，并且影响到更多的士乃至官员加入进来，极大地改善了商人的人员结构状况和文化水平，有力地提升了商业人员的思想道德水平。

更多的士人参加进来，也有力地促进了先秦时期道德文化在商人队伍中的传播，促使了道德文化和商业活动融合，直接推进了商业道德的传播与流传。

（四）重商思想对商贸发展的影响

先秦时期，在各国的商业发展中，如齐国能够迅速地崛起，实际上与其重视商贸活动有很大的关系。谈论商业的发展也是士人们绕不开的话题，他们谈论商业，关心商人的生存状况，用渊博的知识来指导商贸活动，促进了道德在商业及商人中的推广，对商业活动的进展起了有力的推动作用。

齐国的管仲极力主张通过发展商贸活动，重视市场的作用来促进社会经济的发展。“市者，天地之财具也，而万人之所和而利也。”（《管子·问》）民众通过商贸活动得到自己所需要的物品，商人通过商贸活动而求得利益，市场对于物品的流通起到了重要的作用，流通物品的增加，反过来可以进一步扩大生产。“市也者，劝也，劝者，所以起本。”交换活动对于生产二者是相辅相成的。对于市场的作用，管子是比较重视的，“万乘之国必有万金之贾，千乘之国必有千金之贾。”（《管子·国蓄》）重视商贸活动溢于言表，对于商贸活动的重视，势必带来社会经济的快速发展。对于盐铁主张私人可以参与经营，“发民，则下疾怨上”（《管子·轻重乙》），官府进行流通管理，征收实物税。对于货币，“人君铸钱立币，民庶之通施也”。为了鼓励外地的商人来齐国进行商贸活动，实行了相应的鼓励政策。如为了到齐国进行商贸活动给商人提供住宿的地方，“来5乘的供给从人的饮食”，可见，管仲实行这样的政策还是引人注目的，并实行了“四民分业”“处商，就市井，处农，就田野”，固定各自的住处，世袭相传，有利于职业的稳定性，有利于农业劳动力保持在一定的水平。对于其经营的活动，应当“薄税敛，毋苛于民”，取之有道，“民无怨心”，有利于经济的发展。同时，在政府的鼓励下，从事商贸活动的商人增多，参与到贩运中而富甲一方的商人也逐渐增多，齐国的刁某“逐鱼盐商贾之利……起富数千万。”周人师史“传毂以百数，无所不至……能致七千万。”（《史记·货殖列传》）反过来，商人的富裕也说明了政府提升商贸活动措施的正确性，间接激励了更多的手工业者参与到商贸活动中来，壮大了商人队伍。

晏子的重商思想。主张对商业施以较轻的税收。因为较重的赋税不利于商业活动的发展，只有“关市省征”（《晏子春秋·内篇问上》），才能收到良好的效果，故应采取“俭于藉敛，节于货财，作工不历时，使民不尽力，百官节适，关市省征”，轻徭薄赋，减少税收，以利于市场交易秩序的正常运转。对于财富的获取，要有节制。晏子曰：“且夫富如布帛之有幅焉，为之制度，使无迁也。夫民生厚而用利，于是乎正德以幅之，使无黜嫚，谓之幅利。利过则为败。”（《左传·襄公二十八年》）利益的追求应结合道义，要有一定的幅度，否则过了就会“败”。在社会活动中，还有崇尚节俭，反对骄奢淫逸。晏子身体力行，“以靠节俭力行重于齐，既

相齐，食不重肉，妾不衣帛。”（《史记·管晏列传》）晏子注重商业的发展，力行节俭。

孔子，虽然谈论商业利益较少，但是从一些言语中透漏了其对商贸活动的关注。

首先，对于商业赞赏有加。对于学生子贡参与商业活动而能“屡中”持赞赏有加的态度，“沽之哉！沽之哉！我待贾者也。”这也说明了孔子是关注商业的，对于商业发展他是认可的。

其次，提倡惠商的政策。他在鲁国的时候就对市场活动进行了相应的整治，提出了不少关于优惠商业活动的措施。“初，鲁之贩养有沈犹氏者，常朝饮其羊以欺诈市人，有公慎氏者，妻淫不制，有慎溃氏，奢侈逾法，鲁之鬻六畜者，饰之以储价，及孔子之为政也，则沈犹氏不敢朝饮其羊，公慎氏出其妻，慎溃氏越境而徙，三月，则鬻牛马者不储价，卖羊豚者不加饰。”（《孔子家语·相鲁》）提倡忠信经商，物品要以质量取胜，在保证商业活动顺利进行的时候，孔子认为源于商业人员对规则的遵守，商人们内心都有着崇高的道德品质，践行了“物以德为贵”，从业人员的道德品质应当“温其如玉”。

再次，主张追求财富应当符合道义，“见利思义”“富与贵，是人之所欲也；不以其道得之，不处也。”（《论语·里仁》）“不义而富且贵，于我如浮云。”（《论语·术而》）这些话语都表示了人们求得财富，但寻求的方式要正当，不准许道义求得的财富是不可取的。孔子的财富观为商人们寻求财富提供了伦理道德文化的价值指引，要以“道义为上”为遵循，势必变成了具有本体意义上的价值体系了。

最后，主张给予商贸活动的发展宽松的发展环境，降低税收，实行恩惠的商业政策。“若乃十一而税，用民之力岁不过三日”“可废山泽之禁，弛关市之税，以惠百姓”。（《孔子家语·五仪解》）“关讥市廛皆不收赋”。（《孔子家语·王言解》）减免赋税能够激发商人们的从业积极性，其主张减少关市的税收也被后人认为是重视商业活动的表现。孔子的商业财富观对于商人们的商贸活动产生了重大的影响，一批儒商的形成就是证明。这些儒商“以义制利”，取之有道，热心于社会公益事业，形成了虚心好学、重视公益与富而好行其德的内涵具备儒家伦理精神的新型商人——儒商。

孟子商业的观点是对孔子重商思想的继承与发展。首先，其重视商贸活动，主张“通功易事”。杨伯峻给“通功易事”“通功，互通成果，易事，交易产品”，提倡商贸活动，“以羡补不足，则农有余粟，女有余布，子如通之，则梓、匠、轮、舆皆得食于子。”（《孟子·滕文公下》）主张给予其发展的空间。其次，在税收方面，主张实行商业优惠政策。《孟子·梁惠王下》中记载：“市，鄽而不征，法而不鄽，则天下之商皆悦，而愿藏于其市矣。关，讥而不征，则天下之旅皆悦，而愿出于其路矣”。给予商业发展以自由的环境和优惠赋税，在对商贸活动施以优惠的税收条件下，要去关市之征，达到“商贾皆欲藏于王之市，行旅皆欲出于王之涂”。允许商人经营自由，“来百工则财用足，柔远人则四方归之”，这样才能够“以羡补不足”“以其所有，易其所无”，通过这些方面来保障商贸活动顺利进行。在交易中，应当保障产品的质量，童叟无欺，“夫物之不齐，物之情也。”对于产品的价格，不能仅凭借外表，而应该根据内在的属性。再次，在商贸活动中，公平交易，不能欺行霸市。

孟子曰："古之为市也，以其所有易其所无者，有司者治之耳，有贱丈夫焉，必求龙断而登之，以左右望，而罔市利。人皆以为贱，故从而征之。征商自此贱丈夫始矣。"商贸活动应当合理合规地进行，不能进行垄断或者虚高价格，要通过正当的手段来致富，而对于欺诈虚高价格的商人将其称为"贱丈夫"，唯如此，才能发挥好商人在商业活动中的作用。

荀子主张应当发挥商业在经济发展中的作用，"农以力尽田，贾以察尽财，百工以巧尽器械。"把诚实本分的商人称为"良贾"，反之则称为"贪贾"，从事商贸活动应当"从道而出"，唯利是图是荀子最为反对的，"贾盗之勇也"，只有"政令行，才能够风俗美"。同时，荀子还主张"农工商并举"，要推进手工业和商业的齐头发展。

先秦人物的重商观点，配合官府的政策，推进了商业活动的进展。同时，先秦时期管仲、孔子等人物对商贸交易活动的认知与阐释，受到了新兴商人阶层的推崇。这些对于商业活动的论述，不仅可以提高商人们的道德品质，又直接促使了商业伦理思想在商人们之间的传播。总之，先秦商业伦理道德是在我国特殊时段、特定历史环境下商业活动的实践成果，经过了商业活动的验证与传播，并有力地促进了商业活动的发展。

第二章　先秦商业道德形成的思想渊源

商业道德的孕育与发展不仅与商业活动有着紧密的联系，而且与当时的文化环境密切相关，是人们对商业活动发展的反思和总结。

处于不同历史的商业活动和当时的伦理文化氛围，往往会孕育出不同的商业道德观念，在这样的环境氛围下就会产生出不同的商人群体，事实上东西方商人的不同商业活动取向与当时道德文化有着紧密的联系。马克斯·韦伯指出：“现代资本主义精神以及全部现代文化的一个根本要素：以天职思想为基础的合理行为，产生于基督教禁欲主义。”韦伯的看法虽然夹杂着自己的主观看法，但是也给我们一些有意义的启发：在一项事情的后面，势必存在着强大的精神力量，这种精神力量与当时社会文化有着直接的关联，既是文化因素在历史上会对社会发展产生重要的作用，甚至在某种程度上可以产生巨大的精神动力。它既可以表现在众多的书籍中，也可以通过自己无形的力量，渗透进人们的生活习惯、交往以及社会活动之中，逐步成为左右商人们所思、所行、所做的无形力量。学者唐凯麟指出：“文化价值对于经济的发展具有重要的作用，这种作用不但表现在文化价值为经济发展提供精神动因，而且表现在文化价值仍是经济活动的定向定位机制。任何一种经济活动如果缺乏精神动因和文化价值规范，那么它就容易变成一种单纯的物质动因和文化价值规范。”[1]上述的看法或许能够得出一些启发：在一定的历史条件下，道德文化会对社会经济发展发生相应的推进作用，先秦时期商人群体壮大，除了社会经济发展与官府重视商业发展因素以外，我们还可以转化思路，试着从道德文化方面寻找某种阐释，实际上，先秦商业道德孕育与发展是从当时的道德文化找到线索，道德文化是先秦商业道德孕育与发展的理论根基与思想源泉。

在先秦时期，诸子百家争鸣，道德文化丰富而深厚，主要有儒家、法家、道家、墨家、兵家等有影响力的学派，他们对于社会思潮和交易活动的看法，影响着人们的观念和行动，进入社会生活的各个方面，基本上影响了先秦时期的经济生活、商业生活、家庭生活等发展的态势。

先秦时期，道德文化作为当时历史发展的产物，其深邃的道德伦理文化为新兴商人们道德的孕育与发展供应了精神土壤，润泽和滋养着商业道德的发展。同时，在这种伦理文化氛围的影响下，商人们得以树立正确的商业交换理念，左右着商人们从事商业交换的直接取向。由此，在先秦商业伦理文化的渗透下，在商业活动的滋养中，先秦商业道德得以茁壮成长起来，并跟随着商业活动而逐步系统化，经过逐步演化，慢慢变为思想深邃、体系严谨和逻辑缜密的道德体系，这种道德体系具有相应的传统道德精神和民族精神色彩。

先秦道德文化是先秦商业道德思想源泉和理论根基，对先秦商业道德的影响是多方面的，这种影响主要有以下几个方面。

---

[1] 唐凯麟、张怀承：《成人与成圣 儒家伦理道德精粹》，长沙：湖南大学出版社，1999 年，第 352 页。

一、“仁者爱人”的思想

传统的道德文化思想博大精深，集中呈现在以儒家道德文化为核心的伦理文化中，包括法家、道家等，儒家文化是以道德为根基，集中体现在以儒家思想为核心的先秦伦理文化中，而儒家思想是以道德为核心，顺其自然，作为影响着商人及其商贸活动的商业道德与先秦时期伦理文化有着深厚的渊源，换句话来说，先秦时期道德文化是商业道德的思想源泉和理论基石。

儒家思想源于孔子，孔子学说一个最大特点就是具有自己鲜明的推崇道德的倾向，“仁爱”思想是儒家文化的核心，儒家思想也可以说得上是仁的道德。“仁者爱人”的思想是先秦商业道德的基石。

首先，真正的仁者应当“仁，即爱。”（《论语·颜渊》）爱人是仁的第一要义，即要做到自爱，“无求生以害仁，有杀身以成仁。”（《论语·卫灵公》）作为一个商人，首先要有爱心，能够做到仁人君子，是一个有爱心的人、善良的人，也要爱周围的人，对待他们应当关心与爱护，在物质方面帮助别人，在精神方面呵护别人，同情别人，如何做到仁爱呢？“恻隐之心，仁之端也。”爱的起始和源头在于恻隐之心，在于主体内在固有的本然、本真之情。“不忍之心”的感情早已经在主体的本源心中，“孺子入井”这一场景等于说，具体实践活动生成了不忍之心的发生对象，而不忍之心和恻隐之心的发生并非当时的活动情景导致，是主体内心的已有本源之情和本然之情自然显露出来，实际上就是存在于主体境域中本然的活生生的东西，这就是境域的本体，“父义，母慈，兄友，弟恭，子孝，内平外成。”依据内心的恻隐本源之情，由主体内心的爱向外延伸，推己及人，博施济众，“亲亲而仁民，仁民而爱物”，由固有的心中这一伦理秩序法则而成为外在显现的对众人有约束力的“礼”，在这方面近似西方的“法制”；内心对这种仁礼伦理秩序的坚守和敬畏，不敢超越一步，“非其义也，非其道也，一介不以与人，一介不以取诸人。”由主体内心的本然之情出发，推己及人，由亲亲到仁民，由家族内部的血缘之爱上升到自然、社会、国家层面上“礼”整体高度。同时，还要在精神上提升自我，“皆以修身为本”，提升自己的道德品质，也是“仁”的体现，是自己修身所要达到的精神境界。另外，孔子主张“知者乐水，仁者乐山。”真正的仁者应当“安于义理，仁慈宽容而不易冲动”。仁者爱人，就是要帮助别人，是一种内发性的精神情感，在精神上不断提升自我，达到“仁者寿”的境界。

其次，处理仁爱之间的关系，仁爱是有层次性的，这种爱是由爱家族人再延伸到社会成员之间的关爱。一是要做到“仁，亲亲也”。这种爱包括家庭之间的关爱，“善事父母为孝，善事兄长为悌”，孝悌为仁的重要内容，孔子也常说：“入则孝，出则悌，谨而信”，在家庭做到了孝敬父母兄弟，才能够在外面做到“泛爱众”。二是要“泛爱众而亲仁”。在传统道德文化中，“爱”“仁”思想烙印在每一个中华儿女的心中，成为大家推崇处理人际的准则之一，而“老吾老，以及人之老，幼吾幼，以及人之幼”更为大家所津津乐道。三是要做到忠恕。如何做到忠恕，“尽己之谓忠，推己之谓恕”，人际交往讲究诚，注重将心比心，我们不能按照自己的标准来要求别人，“己所不欲勿施于人”“尽己之心谓忠，推己及人谓恕”，由自己心中孕育出的为社会“奉献”意识，实际上告诉我们在社会

活动中，我们的义务是应当做什么或者不应当做什么，具有道德责任感和奉献感的人，依据原则设身处地，将心比心。“所恶于上，毋以使下，所恶于下，毋以事上；所恶于前，毋以先后；所恶于后，毋以从前；所恶于右，毋以交于左；所恶于左，毋以交于右；此之谓絜矩之道。”（《礼记·大学》）儒家人际交往的思想体现在商贸活动中非常贴切，并被商人们所遵守。

作为从事商贸活动的人们，一方面应注重提升自己的仁爱道德品质，自己内在的仁爱之心品质，使得自己成为精神上高尚的人；另一方面，在处理人际交往的时候，不能把自己的标准强加到别人身上，应当设身处地为他人考虑下，对人施以友爱。所以，儒家思想将这种推己及人的交往模式被看作商业发展的必备条件。

最后，“亲亲而仁民，仁民而爱物”。仁爱由自己推及到万物，以天地为一体，真正的仁者不仅有仁爱之心，爱别人，而且要爱世间的万事万物，“子钓而不纲，弋不射宿”，商人要有仁爱之心，“爱人者，人恒爱之；敬人者，人恒敬之。”（《孟子·离娄下》）儒家学说提供给商人的仁爱模式就是推己及人，克己复礼，仁民而爱物。

培养和造就自我的仁爱之心，尤其商人需要克制自己的私欲和贪欲，去掉自己更多的私欲是行仁的方法，“公而无私便是仁”，(《朱子语类》卷六)如果每个事情都想有私心在里面，就不能行仁爱之道，只有去私，才能更好行仁，这是与克己复礼相一致的。人生活在社会中，不仅要克制自己的私欲，行仁爱之道，而且要有更高的责任，就是要为社会做奉献，以便于促进社会的进步与发展。正如子贡所言：“如有博施于民而能济众，何如？可谓仁乎？”孔子曰：“何事于仁？必也圣乎！尧舜其犹病诸。夫仁者，己欲立而立人，己欲达而达人。”（《论语·雍也》）作为商人，在商贸活动中，在面临着利益与诱惑的同时，应当依据内在的“仁爱之心”来做出判断，发扬和提升自己的仁爱之心，按照“以至诚为道，以至仁为德”作为自己的做事原则，竭尽全力为天下谋福利。

总之，“仁者，以天地万物为一体”。“仁爱”思想不仅是先秦时期商业活动上的基石，还是许许多多的商人把其奉为商贸活动的原则，它影响与造就了一大批推崇仁爱、报国济民的商人。

二、“诚”“信”“智”“勇”的人格品质

传统的道德文化有一个共同的特点就是:“诚”“信”“智”“勇”，是君子社会交往、做事所要遵循的道德依据与准则，是仁人志士所应该具备的道德素养，更是先秦时期商业道德的直接源泉。

“诚”在《说文解字》中解释为：“诚，信也。”“信，诚也。”诚就是诚心，不能自己欺骗自己，也不要欺骗别人。信就是建立在诚的根基上，既要遵守诺言，又要言行一致，能够承担起相应的责任。

孟子说：“是故诚者，天之道也；思诚者，人之道也。至诚而不动者，未之有也；不诚，未有能动者也。”（《孟子·离娄上》）荀子也主张诚是商业发展的根基。“商贾敦悫无诈，则商旅安，货财通，而国求给矣。”（《荀子·王霸》）“是故诚者，天之道也，思诚者，人之道也。”“唯天下至诚，为能尽其性；能尽其性，则能尽人之性”（《中庸·第二十二章》），达到诚才能发挥人的主体性和能动性，诚讲究“真实无妄之谓”，达到这样的境界才是真正的贤人志士。其次，诚就是做到善良，“诚是为善，实于不为恶，

便是诚。”诚就是保持住人的本来善良纯洁之心，其对应的就是不能够有欺诈之心。“不诚就是虚伪无实之人。”诚就是做人的本来品质，违背了诚势必落入虚伪欺骗的境地。古人曰：“君子诚之为贵。”诚表现为一个人对待自己所从事的事业精益求精，真心投入，是做人和做好事情的根本，这种至诚的精神品质逐渐内化到商人身上，成为其做事的依据和准则。

“信”就是“诚也。”“无私故威”，孔子也主张“与朋友交，言而有信。”“未有忠而不信，未有信而不忠者。”“信非忠不能，忠则必信矣。”（《朱子语类》卷二十一）信就是以诚为行为的内在依据，信是对诚的外在显露和行为表现，信就是真诚无欺诈之心，言行一致，着重在外，在于自己的言语对外界的影响以及他人的反映。

信含义表示：一是对人要真诚，要言而有信，“君子之言，信而有征”。二是要遵守自己的诺言，既然承诺就要言行一致，不能出尔反尔，“口惠而实不至”。三是在生活交往中，做到言必行。“信有就言上说，是发言之实”。在民间也有君子“一言既出，驷马难追”的说法。诚信的故事比比皆是，诚信是处理人际交往的基本道德规范，正因为诚信不仅是人与人交往的美德，而且是社会各个阶层所提倡的，也是先秦时期商人们所信守的道德原则。

古代“信”被列为五常之一，形成了传统道德文化的重要规范。遵守自己的诺言与规定，不能有欺诈之心。可见诚信是传统道德文化的重要内容。“小所以事大，信也。”“言必信，行必果。”信是做人和交往的基本原则之一，只有做到遵守诺言，才会赢得他人的尊重和信任。诚信是个人修养的基本准则，“谨而信，泛爱众而亲仁。”（《论语·学而》）孔子曰：“人而无信，不知其可也。”宋朝的陈淳认为：“诚是天道，信是人道，诚是理，信是心。”信是人与人之间交往的纽带，“信则人任焉。”（《论语·阳货》）信任更是人在社会存在发展的根基，“人若不忠信，如木之无本，水之无源，一身都空了。”（《朱子语类》卷第二十一），在社会活动中，信的行动还要遵循相应的道德原则，不能随意地行动，“信近于义，言可复也。”（《论语·学而》）如果人在社会中失去了信，自己的承诺不能够兑现，将会失信于人，“轻诺必寡信”。

先秦时期，将诚和信联合起来使用的管仲，其主张“先王贵诚信，诚信者，天下之结也。”认为诚信是促使团结和友爱的根基，在社会交往中，一些人不讲诚信是被歧视的，这些人“言而无信，唯利所在”。诚信是儒家道德的中心内容，更是一种做人的美德，做实事，反对欺骗和唯利是图。“诚信”两个字，在儒家思想中还是有一定细微差别的。“诚”就是思诚者，“内心于诚者”，更多的是注重主体的内在品质，而“信”是由主体向外延伸到人际交往，“信守承诺”，诚的外在表现，言而有信。可见，“诚”更多的是注重主体的内在道德品质和德性，“信”是“诚”的外在体现，表现为在社会活动中的道德实践。二者之间的内在关系就是诚是信的基石，信则是诚的社会化呈现，“诚”与“信”构成了道德的根基。实际上，作为诚信，还具有几个特性：一是主体的内在德性，主体诚信为人发展的基础，是践行各种道德的基础，在社会中可以拓展为仁、义、礼、智等。二是诚信既可指向道德主体，也可指向社会发展。人首先应当提升自我的道德修养，以君子完美形态展示出来，在社会交往中应当相互之间信任，并遵守自己的承诺，并不能为了蝇头

小利而欺骗别人，诚信无欺是人们之间信任的前提。三是要遵守好这种道德规范。诚信虽然是以主观的形态展现出来的，但在遵守承诺上是人际活动的最基本条件，一个人只有做到讲诚信、重诺言才能赢得他人的信任和尊重，并可以保障社会的正常运转。从古至今，诚信这种美德之所以被继承下来，是因为它是社会发展的要求，也是人的发展和完善的要求。由此，诚信作为道德规范被人们自觉地遵守，并成为社会发展中占据着主导态势的道德文化价值理念。

诚信是作为社会正常运转的基石，更成为商人们活动的内在道德规范。“君臣不信，则百姓诽谤，社会不宁。处官不信，则少不畏长，贵贱相轻。赏罚不信，则民易犯法，不可使令。交友不信，则离散郁怨，不能相亲。百工不信，则器械苦伪，丹漆染色不贞。夫可与为始，可与为终，可与尊通，可与卑穷者，其惟信乎！”（《吕氏春秋·贵信》）在先秦时期，诚信被人们所推崇，在社会交往中作为基本的交往规范被商人们所认可，并积淀在商人的心中，逐渐内化为其做事的道德操守。

“智”在《说文解字》解释为：“聪明，智慧，才智，知识”，在古代也是五常之一，在古代真正的智者是“知者乐水”，指人的道德智慧。首先，向善去恶，“知者不惑，仁者不忧，勇者不惧”。智就是心中有道德的标准，“心中有一个知觉处”“是非之心，智之端也。”（《孟子·公孙丑上》）智是人内在向善去恶的能力，能够做出善恶的判断，没有此判断能力，就不能实施正确的行为。智也是“三达德”之一，于智慧与道德为一体的，是商人经商所必备的道德人格。“仁者安仁，知者利仁。”（《论语·里仁》）智就含有道德的意思在里面，意蕴着不断进取，“博学而笃志，则仁在其中矣。”（《论语·子张》）智就含有对于事物内在规律的把握和认知，“物动而知变化，事兴而知其归，见始而知其终。”（《春秋繁露·必仁且知》）“闻一知十。”（《论语·公治长》）“知者，莫大于知贤知人，选拔财，智者不知人，亦不失言。”（《论语·卫灵公》）智有智慧的意蕴和对事物规律的把握，这些都是智的内在体现，而上述这些方面也是从认识论方面来加以阐释的。其次，智是处理人际关系的明智之慧。智在社会活动中，能够根据外界情况和自己的智慧来做出判断。《吕氏春秋》中记载：“凡智之贵也，贵知化也，人主之惑者，则不然，化未至，则不知化已至。”根据情况，主体如何做到“化”？需要“见利而思难，暗者见利而忘患。”说明主体应根据自己的知识和情况来做出判断，“皆以其智，可以先规而后为之，其规是者，其所以得其所事。”这样才能做事情恰如其分，“思之而有复”。再次，处理交往的智慧。“知者莫大于知贤。”（《大戴礼记·主言》），了解好他人，行忠恕之道，将心比心，还要有“自知之明”，又不能妄自菲薄。最后，“智者自知，仁者自爱。”“仁者使人爱己。”能够做到“不蔽，智也。”（《论语·泰伯》）了解社会形势，能够做到明其事理，审时度势，为社会服务的情怀，“天下之道则具，无道则隐。”

“勇”，在《说文解字》解释为：“勇，气力”。“有胆量、果敢”，指的是勇往直前的果敢精神，如古代将领条件是：“将者，智、信、仁、勇、严也。”（《 孙子·计篇》）这些方面阐释都从有胆量方面来进行，实际上，孔子则从另外一个方面进行论述。在《论语·阳货》上有“君子有勇而无义为乱，小人有勇而无义为盗。”在孔子那里“勇”是与智慧联系在一起的，“勇”不仅是匹夫之勇，更为重要

的是知者之勇，而不是忘记道义的“勇”。“勇”的内涵是由道义来规范和引导的，“由也好勇过我，无所取材”，（《论语·公治长》）不能盲目地推崇匹夫之勇，而要在智慧引导下进行，要“必也临事而惧，好谋而成者也”，反对头脑发热的鲁莽做事，这不是真正的“勇”，真正的“勇”应当是在道义规范下的“勇”，是有智慧的“勇”，而绝非胆大妄为匹夫之“勇”，也不是见利忘义的俗人之“勇”。

从以上可以看出，“诚、信、智、勇”表明人们在社会活动中，需要内心有明晰是非善恶的道德操守与勇敢的气魄，这种良好的道德品质被转化到先秦商人的心中而逐渐成为其商贸活动处事的道德依据和道德规范。先秦时期“诚、信、智、勇”，作为道德人格的优秀品质，被移植到先秦时期商人们在仁爱经商的前提下所具备的以谋而权变、行动果敢、有胆有识的勇气魄力与经商智慧。

三、“以公灭私”的公私观

“以公灭私”的公私观是先秦时期商业道德的重要根源。“公”在《说文解字》中解释为“公，平分也。”《玉篇·八部》解释为：“公，平也、正也。”“私”在《说文解字》中定义为“未也。”《正字通·禾部》解释为：“私，对公而言谓之私。”公还含有整体、国家、全局的“利益”含义，私则是含有个人利益的指向，又涉及自我权利等方面内容。

对于公和私的关系，首先，提倡“公而忘私”的精神。在行动中，这就需要抑制个人的私欲来达到整体的要求，“敏而有功，公则说”，依靠克己复礼来实现，立公志在弃私也。荀子也主张：“志忍私，然后能公。”主体需要去掉自己的私心，达到公而忘私，这种达到更多的是忽略了人的权益。公私究其实质来说是围绕着“正当”来展开的，由道德规范来对利益关系进行调整。

其次，提倡为天下之公。朱熹指出："言圣人不似公义弃恩，亦不以私恩害公义。"作为真正的君子要能够"以公义来战胜私欲""夫立法令者，以废私也，法令行而私道废亦。"(《韩非子·诡使》)"上下交征利，而国危矣。万乘之国，弑其君者，必千乘之国；千乘之国，弑其君者，必百乘之家。万取千焉，千取百焉，不为不多矣，苟为后义而先利，不夺不餍。未有仁而遗其亲者也，未有义而后其君者也。"《孟子·梁惠王上》提倡行君王之忠，达到为天下服务。

最后，要注重提升主体道德的修养。"圣人之道，至公而已矣。"如何至公？需要提升主体的道德修养，无物之私，不能有个人的私欲，如果有的话，需要从个人的私欲中提升出来，李贽说："夫私者，人之心也。人必有私，而后其心乃见，若无私，则无心矣。"对于一己私利，需要抛弃，以便于追求天下之利。因为个人不合理的追求是不正当的，不要过分地追寻个人私欲，而应当以大局为重，难能可贵的是当面临着公与私冲突的时候，应自觉约束自我的私欲，"志忍私然后公"(《荀子·儒效》)才能"以公灭私，民其允怀""立国君以为国，非立国以为君也"，只有坚持正义，"公理天下，以得万姓之欢心"。

但是，怎样才能够真情实意达到这样的境界？凡事皆有礼的规范，而"无序便乘，乘便不和"，唯有如此，才能"治天下及国，在乎定分而已矣"。可见，公是与正义相接近的，公是社会普遍化的原则，也是社会制度的精神依据，是人们交往活动的道德规范。对当时儒家来说，以公灭私更多的是依赖人的道德品质完善和自律性来完成的，公与私的命题则是通过"克己复礼"来体现的，"克己"就是约束自己，提升自我道德品质来是实现"灭私"，这样"私

欲则是不留”，荀子更是提出了“并己之私欲，必以道”，灭掉私欲才能达到“公”，从这个角度来说，复礼与倡导“公”是吻合的。人的存在与发展就是礼的呈现，在这种境界下，礼与“公”达到合二为一的状态了，而礼实际上包含着“让”“敬”的含义，“礼以顺人心为本，故亡于礼经而顺人心者。”

传统道德文化所主张的公私观是人们在社会生活中应当具有的道德人格，这种道德操守被逐步改造为先秦商业道德商人们的活动道德原则，被改造为商人们在商业活动中所应当具备的“公而忘私”的大局观念和共同体精神，影响了一代又一代商人，在商业活动中，广大的商人以国家、集体利益至上，勇于为大局奉献自我，使之成了中华民族团结奋斗的优秀品质。

四、“以义制利”的义利观

“以义制利”的义利观是先秦时期商业道德指引性原则。“义”在《说文解字》解释为“义者，己之威仪也”，是指人们在活动中体现出来的敬畏外貌，为人们做事情提供了善恶的遵循和依据。在《礼记》上解释为“义者，宜也。”如何做到宜？就是适理，就是要遵循道义的规范。“利”在甲骨文中，是表述用铁器来耕作植物，这是人们从事农业活动的工具，后来引申为利益，而农业活动又与人们的生活息息相关，农业是利益的基石，《尚书·泰誓》中有：“以保我子孙黎民亦职有利哉。”随着历史的发展，拓展为利益或者功利。在人类的劳动活动中，把这种道义和利益结合起来就是“义利”关系，“义”不仅表述为道义，而且引申为与利益相对应的社会整体利益。

马克思说：“个人利益总是违反个人的意志而发展为阶级利益，

发展为共同利益，后者脱离单独的个人而获得独立性，并在独立化过程中取得普遍利益的形式，作为普遍利益又与真正的个人发生矛盾。而在这个矛盾中既然被确定为普遍利益，就可以由意识想象成为理想的，甚至是宗教的、神圣的利益”，这是因为“在个人利益变为阶级利益而获得独立存在的这个过程中，个人的行为不可避免地受到物化、异化，同时又表现为不依赖于个人的、通过交往而形成的力量，从而个人的行为转化为社会关系，转化为某些力量，决定着和管制着这个人，因此，这些力量在观念中就成为‘神圣’的力量。”[1]在人们的社会实践活动中，势必会出现一种独立或超越于个人利益之外，呈现出来的共同利益来制约或者左右人们的行为，这就是“以义制利”。

对于道义与利益的关系，儒家的义利观坚持道义为先。首先，心中有道义，道义至上。墨子认为：“万事莫贵于义。”为人处世还是经商活动，要把道义放到第一位。“非其义也，非其道也，一介不以人，一介不以取诸人。”（《孟子·万章上》）“非其道，则一箪不可受于人。”（《孟子·腾文公下》）这种把道义始终放到第一位的思想，在历史上发挥了积极的作用，一大批志士仁人依照道义作为自己的处事指南。其次，面对利益的抉择，见利思义，用道义来制衡利益。孔子曰：“富与贵，是人之所欲也，不以其道得之，不处也；贫与贱，是人之所欲也，不以其道得之，不去也。”（《论语·里仁》）利益是人们追求的，但是追求的方式应当依据道义，应当“见利思义”，不能“见利忘义”。孟子更是主张“何

[1] 《马克思恩格斯全集》第二卷，北京：人民出版社，1965年第273页。

必曰利，亦有仁义而已矣。”追寻道义，而为君子，小人在于恶之为恶，当利益与道义发生冲突的时候，可以“舍生取义”，为义而行动，以“仁”忠恕为判断的依据，“己欲立而立人”（《论语·雍也》）从较高的境界展示了“义”。而荀子更是概括了义与利的关系。“先义而后利者荣，先利而后义者耻，荣者常通，耻者常穷。”（《荀子·荣辱》）表明人们在社会交往的时候，违反了道义，就会导致唯利是图的现象发生，如果义利的取舍在“义”的可控制范围之内，对利的要求应当是允许的。“义然后取，人不厌其取。”（《论语·宪问》）再次，用道义取得利益，才能维护更长远的利益。“德义，利之本也。”讲究了道义，遵循了道德的规范，势必可以取得更久远的利益。

法家则是重视利益，此种观点把重视利益作为了主要内容，认为道义是为利益的发展做铺垫的，这种学说代表人物就是法家，“欲利者利之”（《管子·枢言》）“民之急名也，甚其求利也。”（《韩非子·诡使》）对于不合理的求利行为应当依靠法制来限制。

道家的义利观则是体现为二者皆轻。先秦时期，道家对于道义与利益都不是很看重，谈论“绝仁弃义”，主张自然无为，主张“少私寡欲”，在这种思想的支配下，道家对商贸活动参与不积极，认为手工业的发展会导致人们有争取心态，只有“无知无欲”，才能够“民不为盗，不见可欲，使心不乱”，只有自然无为的状态才是人生的圆满。道家对于利益主张应当抛弃，因为人们对于利益的追求是无休止的，从而引发了不断的争议。人在追寻利益的过程中，会导致种种痛苦产生，“五色令人目盲，五音令人耳聋”，要减少这样的功名追求唯有清心寡欲，唯有“知足之足常足矣。”道家义利均忽略的观点，是针对儒家及法家的观点而提出来的，具有试图评析二者的纷争，而透视道家的二者具轻视观点，道家向往的是无为无欲的本真状态，生命本真状态要高于利益和功名，“天地之所以能够长且久者，以其不自生，故能长生。”

先秦的义利观既有重视追求利益的需求，也有注重寻求利益应当依照相应的道德原则和规范，也有对二者皆轻视的观点。总的来说，义利观都比较注重追寻利益不能损害道义或者社会整体利益，“不以其道得之，不去也。”（《论语·里仁》）先秦义利观思想不仅反映了当时社会状况，而且映射了商人们从事交换活动的真实写照，主张在交换活动中应当遵循“以义制利，见利思义”的道德规范和道德原则，遵循道义可以有效地对商人们的不合理行为进行限制和约束，有利于保护双方的合法权益，有利于维护双方的合法权益。由此，这些对于义利进行论述的观点成为先秦商业道德的指引性原则。

五、“尽职尽责”的敬业思想

“忘我投入”的敬业思想是先秦时期商业道德的重要来源。古代中国有悠久的职业道德传统，而敬业又是职业道德核心内容，敬业这个说法最早出现在《礼记》中，“三年视敬业乐群。”“敬业”就是指要想在某个方面有所成就，刻苦和忘我投入。《尚书》上有“功崇惟志，业广惟勤”，是对人们从事职业方式勤奋努力，也是敬业乐群的表现形态。《论语》上对敬业阐释“执事敬”“行己也恭，事上也敬”，敬业不仅表示对待职业有着高度认真态度，还表示主体内在的德性表现，慎终如始，则无败事。

古代敬业思想主要有以下几个方面：忘我投入，对自己所从事

的事情认真、勤奋，“心心在一艺，其艺必工，心心在一职，其职必举。”敬业就是主体对自己从事的活动兢兢业业，是主体发自内心的自觉行动。外在表现为“业精于勤”，指的是主体实践活动的行动状态，如我们常说的发愤忘食、锲而不舍等，以形成合力，推动行业的发展。“多力则强”，如果行业中每个人都能勤奋努力，竭力奉献，就会形成强大的推动力，推动行业的技术提升。同时，能把敬业精神坚持下来。“成业者系于所为，不系所籍”“心尽则职亦尽，自无愧怍于己”，商贾者，应当尽心竭力，勤奋忍耐，不可欺诈欺骗别人，行业没有贵贱之分，都是神圣的应当尽心做好。蔡元培所说：“重在义务，不仅有益自身，且需有益于人群，始不辜负此人生。”李大钊也主张做好本职工作，“凡事都要脚踏实地去做，不驰于空想，不鹜于虚声，而惟以求真的态度做踏实的工夫。”

敬业，首先要精业，要做好自己的本职工作，尽职尽责。商人要“工商以其尽心于利器通货者，而修治具养，犹其工与商也。”（《王阳明全集·节庵方公墓表》）把自己从事的行业做好，社会就会得到发展，做事要专心而不能对工作敷衍了事。同时，古人还认为尽职尽责不仅是做好工作的前提，而且应当主动地去做，怀着感恩的心去做，就会把工作做到更好。“知之者，不如好之者，好之者，不如乐之者。”

其次，要有精雕细琢的态度。精雕细琢的态度是为了更好地完成自己的本职工作，“治玉石者，既琢之而复磨之。”（《论语集注·学而》）对工作精雕细琢、精益求精也是敬业的充分体现。

精雕细琢体现在不仅要把本职工作做好，还要不断进取，提升自己的能力，“业精于勤”。

最后，要持之以恒。持之以恒是敬业精神一个重要的体现，不能轻易放弃，“锲而不舍，金石可镂”。

敬业要求商人在做事情的时候，既要把本职工作做好，又要持之以恒，锲而不舍，精益求精，专心致志，忠于职守，履行好自己应尽的义务。这种传统的职业美德对先秦商人产生了重要的影响，培养与孕育了先秦商人艰苦创业、精益求精、锲而不舍的敬业精神及勤俭节约、不畏艰险的奋斗精神，也孕育了先秦商人的艰苦创业、坚持到底的做事精神。

六、诸子其他人物的思想

先秦时期，儒家的观点对于商人们活动的影响很深，有的甚至成为他们职业道德重要构成部分，而诸子其他人物的思想，如墨家、韩非子等对于商业的独到阐释也成为商人们经商与做事的道德依据与准则。

先秦时期，墨家主张义利并重、统一的思想。首先，“交相利”。道义与利益应当相互并重，义利合一，“贵义重利”，“为万民兴利”，认为“利人乎既为，不利人乎既止。”“利人者，人必从而利之，恶人者，人必从而恶之，害人者，人必从而害之。”（《墨子·兼爱中》）注重在平等互惠的前提下进行商贸活动，对于欺诈、虚高价格、以强凌弱的做法深恶痛绝。在商业活动中，“交相利”的目的就是尊重别人的劳动利益和成果，交易活动符合市场的规则，“有力者疾以助人，有财者勉以分人，有道者劝以教人”，维护着他人的合法利益也是符

合道义的。“兴天下之利，除天下之害”，在爱他人的时候，才会得到更多的利益，道义是成就事业的前提，商业交换活动符合道义，才能有助于推动社会的进步。同时，“兼相爱，交相利”，爱其他人，才能得到更多的回报，“利乎人既为，不利乎人既止”，商人们为了寻求利益，需要遵守道义，而如果唯利是图，进行欺诈则是亏人自利。把道义放到第一位，主张“万事莫贵于义”，把道义视为达到商业利益的法宝，讲究道义可以给商人带来诸多的利益，“义可以利人，故曰，义，天下良宝也。”其次，对于价格与供求关系的认识。“贾宜则雠，说在尽。”在交换时候，“贾宜则售，说在尽。”“贾，尽也者，尽去其不以不雠也，其所以不雠去，则雠。”（《墨子·经说下》）“以其所不售去，则售，正贾也。”“贾宜则售，说在尽。”“宜不宜，在欲不欲。”“贾宜，知贵贱也。”（《墨子·经说下》）通过价格来出售货物，交换活动要能够把握好适宜的价格，这实际上就是供应与价格的关系，生产的物品如果供应恰好平均，此时卖出才是比较适合时宜的，才可以算得上是“正贾”。实际上，完全依照物品卖出来作为衡量价格的参照标准也是不妥当的，“正贾也宜不宜正欲不欲”，价格的忽高忽低不是由购买者决定的，而更多是由物品的内在价值决定的。价格也是影响商人从事贩运货物的主要因素。“商人之四方，市贾倍徙，虽有关梁之难，盗贼之危，必为之。”（《墨子·贵义》）肯定了长途贩运增加交换物品的数量和种类，给民众提供了更多的物品，繁荣了当地市场。再次，在惠商的方面，主张给予宽松的发展环境。“贤者之长官也，夜寝夙兴，收敛关市、山林、泽梁之利，以实官府，是以官府实而财不散。”（《墨子·非乐上》）征收赋税应当在老百姓承受的范围内来进行。同时，还主张勤劳节俭，“俭节

则昌，淫佚则亡。”（《墨子·辞过》）反对铺张浪费，“国家必贫，人民必寡，刑政必乱。”（《墨子·节葬下》）

墨子的商业思想充满了功利主义的意蕴，“交相利”既主张寻求利益又主张贵义，体现了墨家对于“利”的赞扬和追求，还力推勤劳节俭，主张把求利和节俭原则结合统一到墨家的商业文化思想中，为商人经商提供了价值来源。义利并重说来源于时代又有超越于时代的一面，墨家的思想可贵之处就在于其扬弃了儒家和法家对于利益的缺陷之处，值得我们去挖掘，至今依然闪耀着夺人的光芒。

桑弘羊的商业思想，其思想也是诸子商业思想的代表，论述集中在《盐铁论》。主张工商并重发展，“圣贤治家非一宝，富国非一道，昔管仲以权谲霸，而纪氏以强本之，是治家养生必于农，则舜不甄陶而伊尹不为庖，故善为国者，天下之下我高，天下之轻我重。”（《盐铁论》卷一《力耕》）商业同农业一样是国家发展的根基，“古之立国家者，开本末之途，通有无之用，市朝以一其求，致士民，聚万货，农商工师，各得其欲，交易而退。”（《盐铁论》卷一《本议》）发展商业活动，可以繁荣市场，“天地之利无不赡，而山海之货无不富也，然百姓匮乏，财用不足，多寡不调，而天下财不散也。”（《盐铁论》卷一《通有》）认识到了发展商业对于经济发展的推动作用。

先秦道家、法家中道德学说也是先秦商业道德的重要组成部分，有的直接被商人吸收，而成为先秦商业道德的构成部分。“无为”是道家推崇的思想，主张“道常无为而无不为，侯王若能守之，万物将自化。化而欲作，吾将镇之以无名之朴。”（《老子》）就是把“无为”视为人间万物之所在。要求人们“知止”，把握好事物

的度，“夫亦将知止，知止所以不殆。”（《老子》）人们了解“知止”，不在加入纷争，“知止其所不知，至矣。”活动时需要“知足”。“名与身孰亲？身与货孰多？和与之孰病？甚爱必大贵，多藏必厚亡。故知足不辱，知止不殆，可以长久。”（《老子》第四十四章）知足了就不会有奢侈行为的发生了，“自胜者，强也。知足者，富也。”（《老子》）以达到“我无欲，而民自朴”，无为到善者因之，对于经济方面放任主义是有很大的影响。

道家的道德文化思想对古代商业道德的影响是多方面的。一方面，从有利于社会发展的角度来审视，人们在社会中知足，对于商人来说，也要知足，对钱财不要过分看重，就会合法经商，不会行欺诈之术；另一方面，道家的“无为”与“知足”的道德思想，也有不利的影响，容易使得商人们安于现状，势必就会缺乏活力与竞争力，这样就会使得商人们满足于现状，不利于商业规模的发展壮大与拓展。

先秦法家代表人物韩非子主张“农本工商末”。对于工商的看法，“使其商工游食之民少而名卑，以趣本务而寡末作。”（《韩非子·五蠹》）把工商列为末，形成了农本商末的做法，从春秋时期的农工商并重发展，到战国时期商末提出，这种策略对于商业的发展影响是深远的，形成了鄙视商人的社会氛围，这对于商业与商人的生存尤其是不利的。法家为了推行其抑末的策略，对于商人的交易行为也进行了谴责。“聚敛倍农而致尊过耕战之士，则耿介之士寡而高价之民多矣。”认为商人增加，就是在于他们的欺诈投巧，从而收入超过了农民。

既然认为人可以满足私利而去谋财，那么就会在谋财的过程中而不去考虑别人的利益，心中也就不会有“见利思义”的思想，势必滋生起享乐、拜金主义的念头。“人无毛羽，不衣则不犯寒。”“是以不免于欲利之心。”（《韩非子·解老》）就会从个人私利的立场来处理交往关系，既然人们之间存在着私心，“君臣异心。君以计畜臣，臣以计事君，君臣之交，计也。害身而利国，臣弗为也。害国而利臣，君不行也。臣之情害身无利，君之情害国无亲。”（《韩非子·饰邪》）既然人们之间的私心有时候无可更改，可行的办法就是严刑峻法，“人情者，有好恶。故赏罚可用；赏罚可用，则禁令可立而治道具矣。”（《韩非子·八经》）

商鞅是法家代表性人物，在其进行的变法革新中，其改革思想是比较排挤商业活动的。“苟能令商贾、技巧之人无繁则欲国之无富，不可得也。”（《商君书·外内》）主张抑制商业性交易活动，主张重心放到农业上来，以便于增加农业人口，从而促使农民不放弃农业去经营商业，其主张有以下几个方面。

首先，限制经商人数，对于参与到经商活动的家庭，加重赋税，以便于减少参与商贸活动的人数。“农逸而商劳。”（《商君书·垦令》）

其次，加重市场交易活动的赋税。“不农之征必多，市利之租必重。”（《商君书·外内》）对于参与交易活动征收过高的赋税，这样可以限制商人交易规模的扩大，以便于减少商人交易活动的区域。

最后，提出“抑末”。除了对商人征收较高的赋税以外，商鞅还宣传他的抑末，在声誉上降低商人的地位，“事末利及怠而贫者收孥”，在身心上商人名誉扫地。同时，限制减少粮食的流通数量，使得“商无得粜，农无得籴”，使得商人的交换数量受到很大的制约。

对于盈利丰厚的盐铁实行专营政策，“专山泽之利，管山林之饶。”（《汉书·食货志》）

“重本抑末”的政策对于以后商人活动和商业的发展影响是巨大的，而法家抑末思想主要是限制大商人势力的发展，企图以官府经营来代替私人经营商业活动，抑商只是一种策略。儒家、法家都主张重本抑末，提防较多农民从事商业，这是二者的相同之处。法家更多侧重于限制大富贾的发展，以官商代替私商，在经济活动中主张大力发展官商业，而儒家更多侧重于商贸活动应当回归于私商，“山林之泽以时禁法而不悦。”道家与法家的部分关于商业观点对古代的商人产生了很大的影响，安于现状、商业发展缓慢还是与其有一定的关联。

第三章　先秦商业道德的主要内容

先秦时期商业道德的内容相当丰富，它是以儒家的“为天地立心，为生民立命，为往圣继绝学，为万世开太平”的道德使命感下进行的，以诸子道德文化思想为理论源泉，并且和商业实践活动的融合而形成的，它触及到了商人们的交换行为、道德认知、商贸智慧。先秦时期道德文化思想博大精深，商人们践行了这种道德文化思想，以“仁、诚、忠、德、义”为指导原则，它以明晰的价值取向、恰当的行为规范、明晰的是非善恶观念等，不仅指导了商人们的交易活动顺利进行，而且有效地规范了买卖双方的交换利益关系，进一步促使了先秦时期商业活动的发展以及商人职业道德品质的提升。先秦时期商业道德内容丰富翔实，内涵深厚，对后人以有益的启示。主要内容有以下几个方面。

一、重诺守信、诚实向上的商贸美德

在古代的伦理思想中，“诚信”是社会交往的基本准则，“诚，信也。”信，诚往往二字相互使用，“信，言合于意也。”信是诚的外在行动展示，信更多体现的是言语与行动的相符合性，相一致性，信就是表里如一，信就是道德的行为呈现，信是德的表现。《国语·周语下》说道：“言忠必及意，言信必及身。”表达了信是道德的具体活动的表现。《陆九渊集·主忠信》卷三十二记载道："忠与信初非二者也。由其不欺于忠而言之，则名为之以忠，由其不妄于外而言之，则名之为信。"诚信就是人的外在行为展示。无论是人际交往还是商贸活动，都是诚信实践的领域，都可以看到诚信的身影。《吕氏春秋》说："交友不信，则离散郁怨，不能相亲，百工不信，则器械苦伪，丹漆染色不贞。"在交友、商贸方面都要做到诚信，否则事与愿违，信就是在实践中具体的行为体现。诚信就是外在的行为呈现，重心在活动层面，是对道德的践行，诚信结合起来就组成了一个完美的结合体。

先秦时期，诚信的观念已经渗透进国家生活的方方面面。信而又信，重袭于身，乃通于天。《吕氏春秋》记载："人特劫君而不监，君不知，不可谓智，临难而不能勿听，不可谓勇，许之而不予，不可谓信。不智不勇不信，有此三者，不可以立功名。"商人进行交易活动，遵守诺言，否则"言非信则百事不满"，人与人交往讲究信，商业活动更要讲究诚信，落实到行动中去，听其言观其行，"信"不单单是履行好自己说出的诺言，而且更是依靠自己的理性与资本来更好践行承诺，只是言语上做到了，而实际行动中没有做到，自然而然就会唯利是图，做出违反职业道德的事情。

《左传·成公》记载："卫唯信晋，故师在其部而不设备，若袭之，是弃信也。虽多卫俘，而晋无信，何以求诸侯，乃止。"诚信思想不仅是国家所提倡的，而且已经深入到社会生活中的方方面面。《左传·襄公》言道，子罕曰："我以不贪为宝，尔以玉为宝。若以与我，皆丧宝也。不若人有其宝。"稽首而告曰："小人怀璧，不可以越乡。"子罕置诸其里，使玉为之攻之，富而后使复其所。以诚信为宝，为

了民众的好处去做事情，诚信从来就是依赖现实而进行的活动。诚信有利于商人主体依靠道德为国而行德性之事，商人的诚信事迹受到了民众的推崇。据《河南商丘县志》中记载：楚国的士尹池到访宋国，宋国子罕对此很是热情，来家中畅谈，士尹池只见到邻居家的墙壁曲曲折折，又有西边一户人家的水从房前经过，不解其原因。子罕曰："一家工商也，业鞔，使徙之，不获其业；西家高，而利吾宫之卑，故不楚也。"士尹池回国，楚王想用兵宋国，士尹池说："宋其主贤而相仁。"于是楚王收兵。该故事不仅折射了当时官府对商人和手工业的保护和支持，而且诚信已经是商人们的内在操守，言而有信已经烙印到民众的心中。

一个人秉承诚信的操守，在社会交往活动中就会不由自主产生利他的行为，竭力为社会做事情，"忠告而善道之。"（《论语·颜渊》）"居处恭，执事敬，与人忠，虽之夷狄，不可弃也。"（《论语·子路》）诚信作为一种德性，不是依赖于主体的利益终极追求上，而是依赖于利他道义前提之上，尤其在利益抉择的时候，这种诚信的行为更多是来自心中坚守的道德之魂。诚信是主体来自内心的道德感悟，人们把遵守诺言，主动为社会和他人尽心尽力做事情的商人称之为"良贾"，而把为了自己利益不择手段，大搞欺诈，追逐暴利，唯利是图的商人称之为"奸贾"。《战国策·越策三》就有这样的故事，"夫良贾不与人争买卖之贾，而谨司时。时贱而买，虽贵已贱已矣；时贵而卖，虽贱已贵矣。"同时，《史记·货殖列传》记载："贪贾三之，廉贾五之。"它告诫商人在进行交换活动中不要为眼前的小利所迷惑，只有赢得买者的信赖，才会获得长期的利润，否则，就会"不得食于贾。"在先秦典籍中，商贾依照诚信来要求自己，成为自己经营道德的原则，更成为职业活动中重要的道德操守，对于诚信的坚守，利于社会风气的好转。在传统社会上，评价一个人有没有道德，或者一个商人是不是良贾，大部分都是依照诚信作为评价的标准，一个商人具备了为别人着想的情怀就会得到大家的尊重，反之，则会受到大家的唾弃。子产保护商贾，商贾恪守诚信，郑国商业繁荣，夜不闭户，良贾为大家推崇，奸商为大家所疏远。良贾注重商品的质量，《周礼·地官·司市》中有："贾民禁伪而除诈。"《礼记·王制》中记载："布帛狄来表粗布中数，幅广不中量，不鬻市。"《史记·货殖列传》曰："以物相贸易，腐败而食之货勿留，无敢居贵。"夫良贾既要注重物品的质量，又要提供给买方以合理的价格，这也是区分良贾和奸贾的重要标准。如范蠡，在商贸活动中，"无敢居贵"，（《史记·货殖列传》）

此外，管子主张商业活动中应坚持"信义"为本的商业道德，《管子·乘马》曰："贾，知贾之贵贱，日至于市，而不为官贾者，与功而不与分焉。"商人们行动自由，通行各个区域，探查各地的民情，"人恒过，然后能改，困于心，衡于虑，而后作，征于色，发于声，而后喻，入则无法家拂士，出则无敌国外患者，国恒亡，然后知生于忧患而死于安乐也。"良贾们对道义的追求，不仅是为了追求利益，而且更重要的是通过商贸活动来实现自己为天下服务的家国情怀，而这样做的根本就在于商人主体有诚信意识，有天下为公的整体情怀意识。《管子·乘马》云："非诚贾不得食于贾，非诚士不得食于士，非诚农不得食于农，非信士不得立于朝。"

显然，商人们要有胸怀利他的道德意识，否则就会"不得食于贾"，对商人在交换活动中欺行霸市的做法势必会受到谴责。如《韩

非子·说林上》记载了一位商人唯利是图，行欺诈来取暴利。“监止子者，与人争买百金之璞玉，因佯失而毁之，负其百金，而理其毁瑕，得千溢焉。”宋国商人监止子，欲买百金璞玉，观看时候假装失手而使其受到损害，后又低价买后修复还原，以价高成交而得千溢焉。它揭示了商人监止子在交换活动中玩弄手段，违背商业诚信的原则而牟取暴利，更有越国商人虞孚同样不讲诚信，试图欺诈，结果事与愿违，适得其反，弄巧成拙。讲“忠信”重视“产品质量”是商人的美德，“父子勠力，各务为善器，器不善者不集”。（《盐铁论》卷六《水旱》）

诚信是商人经商的核心操守，是一种真实不欺诈的德性，做事情真实可靠，反对欺诈和虚伪。《郁离子·虞孚》云：“虞孚问治生于计然先生，得种漆之术，三年树成而割之，得漆数百斛，将载而鬻诸吴。其妻之兄谓之曰：‘吾尝于吴商，知吴人尚饰，多漆工，漆于吴为上货，吾见卖漆者煮漆叶之膏以和漆，其利倍而人弗知也。’虞孚闻之喜，如其言，取漆叶煮为膏，亦数百瓮，与其漆俱载以入吴，时吴与越恶，越贾不通，吴人方艰漆，吴侩闻有漆，喜而逆诸郊，道以入吴国，劳而舍诸私馆。视其漆良也，约旦夕以金币来取漆。虞孚大喜，夜取漆叶之膏和其漆以俟。及期，吴侩至，视漆之封识新，疑之，谓虞孚请改约。期二十二日至，则其漆皆败矣。虞孚不能归，遂丐而死于吴。”越国商人虞孚弄虚作假，没有坚持商道，经不起外界的诱惑，落得个可悲的下场。《郁离子·蜀贾》说：“蜀贾三人，皆卖药于市，其一人专取良，计入以为出，不虚价亦不过取赢。一人良不良皆取焉，其价之贱贵，惟买者之欲，而随以其良不良应之，一人不取良，惟其多卖，则贱其价，请益则益之不较。於是争趋之，其门之限月一易，岁余而大富。”“冯学诗，性刚直，幼贫，受继母虐待，迫不能容，乃携妻分爨，作肩挑生涯，以求生活……与人交易，所用秤斗常满出平入，绝不愿从中取巧焉。”（《翼城县志》卷二十九 孝义）以信义为本，良贾讲究诚信为本，注重货真价实，不能以假冒伪劣产品欺骗民众，这样才能赢得更多的顾客，否则以次充好，唯利是图，让民众给一些商人打上“奸商”的符号，在市场交易活动中，良贾始终保持着诚信的道德品质，不随波逐流，才能保持好商人重诺守信、诚实向上的交易活动美德，这也是先秦商人们始终坚持尽职尽责、诚信经营的职业道德。

先秦时期在商业交换活动中，证明了只有重诺守信、诚实向上的商人才能占据着市场，赢得买者的信任和支持，进而才会赚取源源不断的利润。由此，重诺守信、诚实向上的商业美德不仅对以后历史时期的商人产生了重要的影响，而且更是商贸活动中应当遵循的职业道德操守。

二、明道济世、爱国济民的伦理情怀

在先秦道德文化中，先秦商人们在仁爱思想、义利观、诚信观的熏陶与感召下，在商业实践活动中逐渐形成了重公轻私的明道救世、爱国济民的伦理情怀，用自己的善举为社会造福一方，在交易活动中自觉地把商业求利与爱国济民结合起来，将谋利与博施济民结合起来。

儒家的核心就是忠信仁爱的报国思想。古代报国有四个方面，贡贤、献猷、立功、兴利。贡贤就是爱惜人才，《王阳明全集·别录》曰：“人之才能，自非圣贤，有所长必有所短，有所明必有所蔽，而人之常情亦必有所惩于前，而后有所警示后。”自己对于国家与

社会尽到责任，“令尹子文三仕为令尹，无喜色；三已之，无愠色。旧令尹之政，必以告新令尹。”学者陈来指出：“‘士’与‘儒’是可以共用和互换的。”[1]古代士是对儒学的弘扬，儒商更是对道统的坚守，承担社会责任，这不仅是儒学的核心，而且仁爱、仁民等也是儒商所要弘扬的，“天下兴亡，匹夫有责”，士与儒商所坚持这种为社会进步的爱国尽忠精神，在历史上鼓励着无数的爱国人士为国家尽忠、为社会奉献，这种利他奉献的献身精神不仅铸造了民众良好的道德人格，而且凝聚人心，造就了可歌可泣的英雄人物与事迹，重塑了奉献进取的民族精神。

明道救世、爱国济民、仗义疏财的商人比比皆是，为国家社会具有仗义的道德忧患意识。子贡，复姓端木，名赐，是以其财市贱鬻贵的私商，是名进步的人物。据《吕氏春秋·察微》记载：“鲁国之法，鲁人为臣妾于诸侯，有能赎之者，取其金于府。子贡赎鲁人於诸侯，来而讓不取金。”这也就是孔子所说的“赐不受命而货值焉。”司马迁也曾经描绘他“子贡结驷连骑，束帛之币以聘享诸侯，所至，国君无不分庭与之抗礼。”子贡经商致富以后，践行着儒家的“天下为公”的责任意识，“仁义忠信，乐善不倦，此天爵也。”（《孟子·告子上》）子贡显然是儒商的最早代表人物，把儒家思想文化成功运用到自己的经商活动中去，“因民所利而利之”，以至于“屡中”。同时，说明当时商人给百姓提供了周到细致的服务。“农事急，挽运衍之阡陌之间。民相与市买，得以财货五谷新币易货。”（《盐铁论·水旱》）商人提供了细致的服务，携带货物走村串乡，方便农户购买，有时候还提供物物交换，促进了商贸活动的发展。

[1] 陈来：《孔夫子与现代世界》，北京：北京大学出版社，2011 年第 42 页。

子贡作为儒商的典范人物，其经商具有三个特点，一是把儒家道德文化和经商结合起来，经商理念和孔子的仁爱思想是相通的，“义然后去取”就是例证。经商成功之后，子贡“而能济民”，帮助他人，表现出了为国家、为社会尽忠的商业道德理念，良贾都保持了这一良好的传统。二是有为天下着想的爱国情怀。“富而好礼”，子贡用自己的资金“赎鲁于诸侯”来展示自己的助人情怀，用“束帛之币”来出使其他国家，《盐铁论·贫富》记载：“子贡以著积显于诸侯，陶朱公以货殖尊于当世。”“故上自人君，下及布衣之士，莫不戴其德，称其仁。”所谓富而后对其他人进行帮助，对国家、对社会的道德责任感让我们领会到了儒商的风貌。三是道义行事。受到儒家道德文化的熏陶，进一步促使了儒商在经商中主动按照道义的规则来行动，其主动拿出资金来赞助孔子的教育事业，使其扬名于天下就是很好的例证，《史记·孔子世家》记载：“已而去鲁，斥乎齐，逐于宋卫，困于陈、蔡之间。”尤其在孔子穷困潦倒的时候，子贡慷慨解囊，助其渡过难关，“夫使孔子扬名于天下者，子贡先后也。”

陶朱公范蠡，富裕之后仗义助民，更是明道济世、博施济民的榜样，《越绝书》第十五卷记载：“子胥重其言，范蠡贵其义，信从中出，义从外出。”经商讲究道义，行之以道义，忠于自己的职业，信义就成为职业精神的灵魂，经商富裕之后，“十九年之中三致千金，再分散与贫交疏昆弟。”（《史记·货殖列传》）富而行其德，被世人称颂。同时，钻研业务，主动把经商方法传授给他人，鲁国人猗顿，“耕则常饿，桑则常寒，闻朱公富。”前来咨询经商之术，朱公告之曰：“子欲速富，当畜五牸。”后获利丰厚，名声远扬，

这正是范蠡富而好行其德也。“德义，利之本也。”经营之道，不仅是获取利润，而且更为重要是能够依据德义来求利，造福于百姓，“知保人身者，可以王天下，不知保人身者失天下也。”只有心中爱民，才能既获取财富，又能够恩泽乡里，陶朱公博施济民、爱国助民的情怀，于后人常用“经商不让陶朱富，货殖何妨子圣贤”来激励自我，称赞其人格高尚，更用“端木生涯，陶朱事业”来赞誉、敬重良贾，并把诚贾、良贾视为经商的学习榜样。

春秋时期，诸侯国多重视商人及商业的发展，从事商贸活动的商人比较多，如有贩卖货物的商人，《管子·小匡》曰：“负任担荷，服牛辂马，以周四方。”贩卖物品的商人占的比例多，还有固定销售场所的商人，以便于在价格中取胜，“商贾者，积储倍息。”（《汉书》卷二四上）还有利用自己的手工劳动生产产品来出卖的商人，“曹邴式则经营铁业，以铁冶起，富至巨万。”（《史记·货殖列传》）当时还有放贷的商人，说曹邴氏“贳贷行贾遍郡国。”这些商人代表了先秦时期商贸经营的类型。不过，商人并不仅是为了求利，还有乐善好施的情怀。早年鲍叔牙与管仲从事商贸活动，了解管仲家庭处于困境之中，多次资助于他，后来管仲感慨地说：“吾穷困时，尝与鲍叔贾，其让财利于我。”郑国对商人施以优惠的政策，并与商人们订立协议，“尔无我叛，我无强贾。”官府不抢夺商人们的财物，不多加侵扰商人们的经营活动，商业活动在郑国得到快速发展，反过来，投桃报李，商人们也用自己的行动来奉献社会。商人们具有了责任意识，具有较高的道德觉悟，就可以在制度和仁义等道德规范的基础上形成相应的奉献精神，这种大公无私、公而忘私的责任意识正是诸子道德文化思想在商业活动中的精神呈现。

郑国商人深受诸子道德文化影响，明道救世、爱国济民、利于助人，助人的故事举不胜举，流传至今。《左传·成公三年》记载：“荀罃之在楚也，郑贾人有将置诸褚中以出。”郑国商人将荀罃隐藏在货物中，后来这个商人谦虚地说：“吾无其功，不可以厚诬君子”，遂适齐，这个故事说明了当时商人经商的区域比较辽阔，有楚国、齐国等，被救之人是王公贵族，能够与贵族搭上话，这也表明了当时诸侯国是比较重视商业活动的。

郑国商人不仅有乐于助人、恩泽乡里的行为，而且更有不怕牺牲个人利益、明道救世、爱国奉献的感人情怀。公元前627年，秦穆公令百里、白乙率领军队去袭击郑国，经周、滑，郑国人没有察觉。《淮南子·人间训》记载：“郑国贾商弦高认为，凡袭国者，以为无备也，今示以知其情，必不敢进犯。乃矫郑伯之命，以十二牛劳之，三年相与谋曰：‘凡袭人者，以为弗知，今已知之矣，守备必固，进必无功。’乃还师而返。后功赏弦高，弦高辞之曰：‘诞而得赏，则郑国之信废矣，为国而无信，是俗败也，赏一人而败国俗，仁者弗为也。以不信得厚赏，义者弗为也。’遂以其属徙东夷。”正是仁爱、为人之诚塑造了先秦时期人民的乐善好施、明道救世的从业精神，郑国商人弦高不仅心中有仁爱，胸怀正义，而且正是“仁爱”“尽己之心”等道德的外在体现，这种昂扬向上的自强不息精神成就了国人不断奋斗和助人的道德人格。弦高“以乘韦先，牛十二犒师”的为国分忧的故事说明了商人有爱国济民的伦理情怀，这种乐于奉献、爱国济民的情怀是值得我们学习的，实际上这种精神，就是中华民族自强不息精神的生动体现。

这种抵御外敌入侵、一心为民的爱国主义精神，也是传统道德

文化“尽忠”“报国”“为民”的体现，《尚书》有“忠，德之正也”。孔子也主张“行之以忠”，天下的大事，就在于体恤百姓。这种“尽忠”“恤民”等是商人们毫不保留的奉献，这种舍弃自己利益而顾全大局的思想，这种付出和奉献思想在历史发展中凝聚成了民众明道济世、爱国奉献的进取精神，影响了一代又一代的商人。

子贡是孔子的弟子，儒商的典范人物，在成名之后，念念不忘老师的教诲之情，在老师遇到困难的时候屡屡相助，“夫使孔子名扬于天下者，子贡先后之。”（《史记·货殖列传》）范蠡，成为显赫的富贾之后，恩泽乡里，体恤民众，“十九年之中，三致千金”，显示了范蠡爱国奉献的道德情怀，这种明道济世的精神代代相传。汉代的卜式成为富商之后，捐出一半家产来帮助国家，表达了对国家的一片赤胆忠贞之情。这些商人的商业实践活动折射出他们的经营理念，意蕴着先秦时期商人们的伦理道德情怀和价值追求，呈现先秦商人们的精神气质，共同形成了先秦时期商业的文化思想。

商人们这种明道济世、爱国济民的行为体现了先秦商人们爱国奉献、乐善好施的道德情怀，呈现了商人们的勤奋节俭的道德品质，不畏艰难、勤劳奋进的开拓精神，这些都是诸子道德文化思想在商业活动中的生动体现，是先秦时期商业道德的灵活呈现。这种明道济世、爱国济民的道德精神有利于培养商人们的仁爱助民的道德品质，这种道德品质对于促进社会的正常运转，改善交易活动的运转秩序，增强中华民族的凝聚力具有重要的作用，这种爱国奉献的道德精神对于以后的商人产生了极为重要的影响。

三、持事以敬、苦中取乐的创业精神

古代中国有悠远的职业道德传统，在《尚书·周官》中就涉及创业精神的核心“功崇惟志，业广惟勤”“持事以敬苦中取乐”就是敬业乐业的呈现形态。要想创业成功，作为商人要敬业乐业，要有苦中取乐的创业精神，这种奋斗精神也是当时恶劣的环境所要求的，艰苦的条件也决定商人们从事交易活动的艰辛，况且还受到不利的社会氛围影响，古代有“士农工商”，把商业活动排到最后，使得商人们的创业势必要付出更多的努力和劳作。《论语·公治长》有“君子之道四焉，其行己也慕，其事上也敬，其养民也惠，其使民也义。”人们从事一项事情，要尽心竭力地做好，从而展示出自己的社会责任感。做好本职工作，要敬业乐业，认真做起。如山西商人王实，做豆类产品交易，物品质量好，颗粒饱满，就是做成豆制品，白中带黄，公平交易，不缺斤少两，做生意如同名字一样，实实在在，不弄虚作假，不欺骗别人，符合了“心尽则职亦尽，自无愧怍于己”，真心把事情做好，“艺业者，当具肆成工，务以技能取利，勿生邪念旷闲，商贾者，当竭力经营，一味公平忍耐，毋以奇巧欺人。”（《传家宝》）商人们从事商业活动，尤其在艰苦的环境中，要能克服困难，把职业和做人、做事结合起来，在克服困难中不由自主就会产生出敬业乐业的精神。

“敬，德之聚也，能敬必有德，德以治民”。《左传·僖公三十三年》可见敬是职业的根基，“好之者，不如乐之者。”同时，“敬”还有认真对待事情、忘我投入的精神，“慎终如始，则无败事”，持事以敬说明了在商贸活动中，要把商业活动做好，需要竭尽全力，忘我投入，如同做人一样把事情做好。

“如切如磋，如琢如磨”，在商贸活动中还要有一丝不苟、精益求精、精雕细琢的精神。精雕细琢也是敬业的体现，因为敬业就包含有勤奋、细琢的意思，孔子对敬业的思想解释：“居处恭，执事敬，与人忠。”从心理与行动上都做了阐释，执事敬是从事职业活动一个重要的因素，精雕细琢刚好是敬业乐业的活动展示。先秦时期，在商人们的交往活动中，精雕细琢呈现了业务的娴熟与刻苦进取的奋斗精神，如商人朱六，从小当佣人，后从事货殖，买卖公平，质量上乘，一丝不苟，有时候远距离长途跋涉，历尽艰辛而在所不惜，这种追求质量，苦于栉风沐雨中成就了他的一番事业，这对于从事商贸活动孜孜不倦，追求的精益求精的精神，正是先秦商人生存的主要原因之一。初期发展大多处于困苦境地，对于事业一丝不苟，不敢有丝毫懈怠，并且还要不满足当前的成绩，“业精于勤，荒于嬉。”要不断地进取，商人范蠡，“苦身勠力，父子治产”，经商初期，创业之艰辛，并对随从言道，“是少与我俱，见苦，为生难”，（《史记》卷四一《越王勾践世家》）才能积少成多，逐步成为富贾。

敬业乐业还要具有锲而不舍的精神。《论语·季氏》曰：“貌思恭，言思忠，事思敬，疑思问，忿思难，见得思义。”其中“事思敬”说明了商人从事商业活动要认真细心，专一持久，不能轻言放弃，要有百折不挠的奋斗精神。“一年视离经辨志，三年视敬业乐群。”（《礼记·学记》）真正的商人都是敬业者，都是具有“锲而不舍、金石可镂”的干劲，具有勤奋进取的精神。商人们能控制自己的饮食，忍受物欲的干扰，穿衣节俭，能够与同行人员同苦乐，如南海商人克勤克俭，勤俭节约，亦成富贾；郑国商人勤奋创业，勤俭进取，不弄虚作假，买卖公平，终成大贾；鲁国商人曹邴氏“俯有拾，仰有取”，（《史记·货殖列传》）“敬业”要求商人们在从事交换活动的时候要精益求精，认真对待，“乐群”指商人们在处理买卖双方关系的时候，坚持“仁爱”的道德责任，“敬业乐群”表明了商人们对待商业认真细致，不唯利是图，忠于职守，为事以敬。可见，在商业活动中，持事以敬、苦中取乐的创业精神包含了商人们对待所从事的职业的专心细致、精雕细琢、持之以恒、锲而不舍的奋斗精神。

在商贸活动中，这种专心细致、精雕细琢、持之以恒的创业精神，不仅是传统道德在商业活动的体现，而且内化在商人们心中，促使商人们认真对待商贸活动，耐心做好每一次交易活动，并在交易活动进程中恪守持事以敬、苦中取乐的优秀道德品质。不少商人原来就是士，士的加入有力改善了商人们的文化结构，在经商达到了相应的成就之后，儒商身上更能够把持事以敬、苦中取乐的奋斗精神表现出来，如有的商人家庭贫困，白天贩鬻，晚上则发奋读书，不以琐事撄心，往返各地，走村串巷，提供物物交换，“阡陌屠沽，无故烹杀，相聚野外，负粟而往，挈肉而归”，（《盐铁论·散不足》）“赵姓者，贾远方，数年无耗，岁饥，妻衣食不能给……日夜悲号，忽一日其夫寄书来，封白镪数金，妻而泣，自是无冻馁……阅数月，其夫归，语以故不解，久之，细诘邻人始知先生假此以全其生，而保其节也，其施惠而不求人知也。”（《太谷县志》卷七艺文传）风餐露宿，由小到大，逐渐把商业发展壮大。

“凡百事之成也，必在敬之。”（《论语·季氏》）商人们在从事活动的时候，心中是有着敬业乐业的道德责任意识的，“忧道不忧贫”，这种强烈的进取意识，使得商人们节衣缩食，省吃俭用，艰苦

创业，“妇人同巷，相从夜绩，女工一月得四十五日，必相从者，所以省费燎火，同巧拙而合习俗也。”（《汉书·食货志》）好的缟物是织女们日夜操劳的结果，是商人们日夜兼程运往市场的结果，唯有不贪图享乐，“有终身之忧，而无一朝之患”，并不是商人们一生都是忧患的，他们的进取意识更多来自敬业的道德情怀、理性的伦理诉求，以至于更多的商人们纷纷效仿这种做法，在交易活动中出现了更多的敬业乐业、艰苦进取的商人，如商人白圭就是先秦时期商业活动的榜样，“能薄饮食，忍嗜欲，节衣服，与用事僮仆同苦乐。”（《史记·货殖列传》）白圭在日常生活与商业活动中勤奋节俭，带头给大家做出表率，“危者，安其位者也。安而不忘危。”正是白圭的节俭进取的创业精神体现了士而商的道德情怀，白圭谈到“吾治生产，犹伊尹、吕尚之谋，孙吴用兵，是故其智不足与权变，勇不足以决断，仁不能以取予，疆不能有所守。”（《史记·货殖列传》）白圭强调了从事商业活动要勤奋上进，做生意不仅是为了“利益”和功名，也为百姓效力，无论在生活中还是商业活动中商人们处处奉行着持事以敬的道德理想。

实际上，先秦时期商业活动的条件是恶劣的，当时的交易环境是简陋的，据《周礼·地官司徒》记载，“凡国野之道，十里有庐，庐有饮食，三十里有宿，宿有路室，路室有委，五十里有市，市有候馆，候馆有积。”在这些地方进行交易，许多商人当天是难以返回的，只能委身于路市等地，“露宿于道”，（《后汉书》卷七六《王涣传》）风餐露宿，日夜赶路，“倍道兼行，夜以继日”，（《管子·禁藏》）其中的艰辛可想而知，郭茂倩描述道“南到九江，东到齐与鲁，腊月来归，不敢自言苦，头多虮虱。”（郭茂倩《乐府诗集》

卷三八）这样恶劣的环境造就了商人们乐观进取的奋斗精神，如宣曲任氏，“富人争奢侈，而任氏折节为俭，力田畜。田畜人争取贱贾，任氏独取贵善。富者数世。然任公家约，非田畜所出弗衣食，公事不毕不得饮酒。”一些商人就是成了富贾之后，仍然保持着勤劳节俭、敬业乐群的作风，这也说明了商人们从事贩卖流通活动并不仅是为了自己的奢侈享受，也为了实现治国平天下的人生理想，为了天下百姓购买物品所用，都能够安居乐业。勤劳节俭、反对奢侈的经商作风，不仅有助于社会风气的改善，而且也有利于商人主体道德人格的提升与完善。

当时，士而商使得商人们改善了知识结构，这些人成名之后，不仅继续保持了勤劳节俭的创业精神，而且就是从事一些很渺小的生意，也同样保持了勤奋、节俭、进取的精神，在司马迁的笔下描绘得栩栩如生，跃然纸上。“田农，掘业，而秦阳以盖一州。掘冢，奸事也，而田叔以起。博戏，恶业也，而桓发用富。……卖浆，小业也，而张氏千万。洒削，薄技也，而郅氏鼎食。胃脯，简微耳，浊氏连骑。马医，浅方，张里击钟。”（《史记·货殖列传》）从当时的描绘来看，从事商业活动主要有三个方面，一是主要从事物品交易活动，如范蠡、子贡等，最后成为富贾，子贡家累至千金。二是主要从事物品的生产与交换两个方面，如宛孔氏，从事铸造铁器，后秦攻打魏，迁徙到南阳，从事通商之便利。三是从事服务业，如洒削、马医、博戏等。这些商人所经营的活动在别人看来都是渺小的，甚至是微不足道的，但是他们对待自己从事的工作认认真真，勤勤恳恳，都有所取，有所获，这都是他们勤劳节俭、执事以敬奋斗的结果。由此，勤劳节俭、持事以敬的商业道德作风，有力地促进了商人道

德主体的人格完善，在这些商人的带领和引导下，商人们勤劳节俭、持事以敬的敬业风气逐步形成。在商业活动中，勤劳节俭、持事以敬的道德理念已经深深融入商人们的血液之中，它不仅构成了商人们行为处事、交易活动的道德原则，更是商人们在交易活动中主动去遵守和践行的经商之道。

四、尊重"市场规律、因势利导"的交换理念

先秦时期，商业道德大体上的态势是恪守道义的交换原则，尊重"市场规律、因势利导"的商贸理念，注重遵循交换活动中的供应需求规律，注重发现市场的规律，能够较好地抓住物品供应需求的规律，在遵循道德原则下求利致富，并认为这些都是可以提倡和鼓励的，并能够结合这些方面做得比较好的商人称为"诚贾"。

"诚贾"的发展与官府重视有很大的关系，如郑国邓析，主张制定规则来保护商人和商业的发展，"政扰则民不定"，主张政治不能过分干扰和扰乱商业的正常发展，铸刑书，不来自君命，竹刑体现了客观形势的需要，为商业的外在规则方面做出了努力，作为商人利益的产物也是时代的造就，商人和商业得到了快速地发展。

在当时，所谓"诚贾"就是遵循道义的规范，并善于把握市场的交易活动规律，取之有道，恩泽于乡里的商人。春秋时期的范蠡，人称陶朱公，来到商业发达的陶进行物品交易活动，并能够把握好交易活动中的规律，"逐什一之利"，《史记·货殖列传》说："知斗则修备，时用则知物，"意思是说其能够未雨绸缪，提前做好相应的物质条件准备，并能够根据季节的物品来进行贩运，难能可贵的是能够在商贸交换中总结出规律，发现物品供应多少与价格变动

之间的关系，知道“论其有余不足，则知贵贱。”那么如何更好地按这个规律来寻求更多的利益，在商业活动显示了范蠡过人的经营之道，其主张“旱则资舟，水则资车”“贵出如粪土；贱取如珠玉”的交易认知。“贵远方之货，珍难得之财，不积于养生之具。”（《淮南子·齐俗训》）物品的频繁流动，加速了商贸活动的发展。对于物品流动和价格涨落，要能洞悉其中的规律，“论其有余不足，则知贵贱，贵上极则反贱，贱下极则反贵。”（《史记·货殖列传》）其把握市场行情，可以“贵出如粪土，贱取如金玉”。有谋略的商人能够在物品价格高涨的时候，像粪土抛出，因为不久就会下跌。

范蠡不仅善于把握物品流动的规律，而且多种经营，扩大资本。到齐国后，“耕于海畔”，还尝试养殖，“夫治生之法有五，水畜第一。水畜，所谓鱼池也。”（贾思勰《齐民要术》卷六《养鱼》）同耕作、养殖业的经营，产业资本不断壮大，增强了实力。并能够知人善用，拓展了商业发展规模，“善治生者，能择人而任时”。（《史记·货殖列传》）

范蠡更为重要的是“富而能行其德”，处理农业、商业之间的关系，《史记·货殖列传》曰：“夫粜，二十病农，九十病末，末病则财不出，农病则草不辟矣。上不过八十，下不减三十，则农末俱利。”农业是农户生活的根本，把粮食价格定在一个合力的范围内，对于农工商发展都是有益处的，否则粮价过低势必“伤农”。在商业活动坚守“忠信”，见利思义，“商贾求利，东西南北各用智巧，好衣美食，岁有十二之利，而不出租税。”（《史记》卷四一《越王勾践世家》），不谋求暴利，“逐什一之利”，恩泽乡里，行德济民，救灾恤患，矜贫救厄，体现了传统商人的忠信美德。“十九年中，三致千金，

分散与贫交疏昆弟”，成为其他商人争相学习的榜样。在当时，范蠡作为“诚贾”的代表，学会利用市场的规律采取“待乏”原则，不把利润作为人生的第一目标，“三致千金”，乐善好施，帮助他人，关心民生追求道义，不仅体现了“富行其德”的品格，而且体现传统社会正人君子的“忠信”“仁爱”的高尚人格，“树德助众”“达者兼济天下”正是传统社会志士仁人的生活价值意义之所在。

商人从事交易活动，便利了民众的生活，但是，在对待求利的问题上，不同的商人有不同的处理方式。有些商人能够遵循道义、取之有道，而有些商人唯利是图、囤积居奇，希望能够把钱赚取殆尽，依据这样的评价标准，就把商人分为诚贾与奸商。所谓诚贾即是良贾，知道市场的交换规律，以义制利的商人。管子提出：“非诚贾不得食于贾”，做商贸活动需要以诚信为根基。司马迁也主张：“良贾应当深藏若虚，怀盛德。”讲究仁义道德，正当去赚取利润，取得什一之利或者什二之利，而不能弄虚作假，欺诈民众，否则就是奸商。良贾表示赚取的钱财符合道义，如什之一的利润，有商人为民众服务的社会责任感。而奸商则是为了赚取最大的利益，不择手段，并不惜破坏市场交易的规则，“当卖而不卖，可买而未买，故利润较少”。《史记·货殖列传》中记载了“宣曲任氏之先，为督道仓吏，豪杰皆争金玉，而任氏独窖仓粟。楚汉相距荥阳也，民不得耕种，米石至万，而豪杰金玉尽归任氏，任氏以此起富。”良贾就是能够把握好市场交易活动的规律，在遵循道义的前提下取得利润，与奸商的做法恰恰相反。可见，从某种程度上来说，商业利润与伦理道德的智慧是相关联的，只要讲诚信，遵循市场规律的商人才能够赚取更多的利润。

在先秦时期的商业活动中，不仅有对良贾的理论阐释，而且有更多的良贾涌现，如白圭，堪称良贾的典范。一是做生意，遵守市场发展的规律，“人弃我取，人取我予”。根据季节与民众物品多少的变化，“夫岁孰取谷，予之丝漆，茧出取帛絮，予之食”，到了蚕茧丰收时候，用卖帛钱来换取粮食，其善于用物品的多少来调节，既赚取了一定的利润，又缓解了物品紧张的态势。二是能够在交易的时候遵循仁爱之道。“夫诚贾不与人争买卖之价”，不像奸商那样唯利是图，“欲长钱，取下谷”，只是寻求一种合理的利润。三是能够勤劳节俭。能薄饮食，克制自己过分的欲望，与一些奸商只为蝇头小利形成了截然的对比，故司马迁称“盖天下言治生祖白圭”。

在市场交易活动中，良贾主张是遵循市场的规律，并给予他人以相应的实惠和方便，这与儒家的“君子，成德之名”是相近的。而良贾中间大部分又是士而商的儒商，他们虽然时时刻刻面对利益的诱惑，而始终坚守自己的道德责任，就是无声无息，也不更改自己的道德责任。“富贵不能淫，贫贱不能移，威武不能屈，此之为大丈夫。”（《孟子·滕文公下》）这些良贾在市场大浪中不为奢侈所迷惑，能够始终坚守道德操守，“行天下之大道”，如儒商的著名人物子贡，就是儒家仁爱思想的践行者，不仅是利益的追逐者，更是经商的楷模，“有美玉于斯，韫椟而藏诸，求善贾而沽诸”。善于利用市场规律来寻求利润，此种方法，司马迁称赞：“好废举，与时转货赀”，能够成人之美，是仁爱思想的传承者，以致于“废著鬻财於曹鲁之间”，功成名就而成为巨富，践行了“穷不失义，达不离道”的道德原则。

管仲也是有名的商人，对于商业交易也有独到的见解，对于价格问题，他主张物品的价格要随着同类物品的涨幅而变动，否则会导致本地的物品外流，“财利税于天下矣”“市者，天地之财具也，而万人之所和而利也。”（《管子·问篇》）商人从事交易活动不仅是为了求利，也有利于天下民众的生活，“见予之形，不见夺之理”，通过合理的方式来进行物品交换活动。并重视利用商业发展来促进经济活动的开展，并要尊重交易活动中的规则，“大贾不得豪夺吾民矣”“夫物多则贱，寡则贵，散则轻，聚则重”。（《管子·国蓄》）商人在市场上的活动，要恪守交易规范，合理求利，而不能侵害民众的利益。

先秦时期，这些注重利用市场规律、遵循道义、赚取合理利润和利于社会的商人，正是古代传统伦理文化所提倡的，“道也，不可须臾离也，可离非道也。是故君子戒慎乎其所不睹，恐惧乎其所不闻。”（《中庸》）恪守道义并能够坚持下去，这就是良贾的现实表现，也正是古代伦理所提倡的，从而世世代代的商人们把尊重“市场规律、因势利导”的商贸理念看成是市场交换活动的交易指南。

正是这些尊重交换规律、善于把握贱买贵卖时机而发财致富的商人，是先秦商业道德所提倡与鼓励的；并且历代商人都把“尊重市场规律、灵活多变、取予有道”作为自己在商业交换活动中的行动指南。

五、家庭经营的特色

整体经营的家庭特色（家族）是先秦商业道德文化中一个显著方面，它的孕育与发展源自传统的家庭（家族）伦理文化的熏陶，更受益于先秦时期商业活动的迅速发展。

家庭是人类社会发展进程中最早的合作单位，一部家族协作史就是与私有制经济密切相关的历史。传统伦理文化是造就家族经营的主要原因之一，传统伦理文化是我国传统社会的内在方面，也是区别于其他民族的显著特征，从而使得先秦时期商业活动具有自己的特征。在当时，家族经营也是由当时的生存环境所决定的，古人交往的圈子就是家庭—亲属—社会的结构，人们之间重视血缘亲情关系，由血缘亲情关系建立家族宗法制度，成员之间奉行忠、孝、仁、义、礼等关系，“夫子之道，忠恕而已”“忠者，尽己之心也”，家族之间交往要求主体上要奉献、进取，修己才能够身正，做到仁者爱人，具备了仁爱的素质，对于促进人与人之间的和谐极为重要，这种在亲情之间道德关系又被应用到社会关系上，影响至今。传统社会是以家族为中心来延伸的，人的交往无时不受到家族思想的影响，由于习惯于用家庭伦理来协调人与人、人与社会之间的关系，在开展商业活动的时候，也会不由自主地建构起类似于宗法管理模式下的家族经营模式。

农耕经济是以家庭为基本经济协作单位，在家庭中需要成员进行沟通、交流与协作，以忠恕为交往原则，成员之间有着统一稳定的价值认知标准，在集体活动中容易构成一个团结稳定的集体，注重小的单位再向外拓展，以一个整体单位与社会进行交往，在这种整体的交往中，大家会形成集体利益高于个人利益的观念和认知，在古代这对于危害价值整体利益会有极大的帮助，尤其在商业交易活动中，为了整体的利益，家族成员之间一般会团结协作、勤奋进取、步调一致。在商业的经营活动中，家庭（家族）成员以血缘关系为中心而进行的整体经营模式，具有符合家族经营的特征，由家庭掌

握着商业经营活动，家庭主要成员对于商业重大活动具有重要的影响，呈现出家族经营商业活动的整体特征。

信任是家族经营商业活动演进的动力。“信，言合乎意也。”（《墨子·经上》）信，在古代构成了五常之一，人们常说：“人而无信，不知其可也。”（《论语·为政》）信的含义要求言语与外在的行动要具有一致性与吻合性，我们通常说诚信，诚是体，信是人诚的外在彰显，保持人与人之间的信任，人们之间需要做到信任，孔子常说：“听其言而信其行，今吾于人也。”信任关系的构成势必需要人与人之间的诚与信，尤其在商业活动中，不论是领导者还是参与者，相互之间要做到信任，既要言语上有信，更要人与人之间在行动上体现出来，如果不能在行动上做到，就不是真正的信。商业活动中人际信任，是对家族经营商业活动的整体承诺的信任伦理构建，离开了参与者之间的信任，家族经营商业活动的将不能有效运转。在家族参与商贸活动中，信任就是一种无形的资本，可以减少管理的开支，保证交易活动的顺利进行，对于双方来说都是理性的“经济人”，从某种程度上来说，家族经营商业活动的整体性就是一种“信任伦理文化”的构建，是其推动着家族商业活动有效运转。

春秋时期，范蠡不仅本人参与到商业活动中来，而且把商业活动的规律传授给子女、家人也参与到物品交换活动中来，招收的学徒都是家族的成员、亲戚，或者由亲友接受，否则的话不予使用，“年衰而所子孙，子孙修业而息之。”（《史记·货殖列传》）这种从事商业活动的形式也可以说得上是古代家族经营形态的较早呈现。

战国时期的白圭，外出从事贩运活动，带领着家人和仆人，大家一起参与交易活动中来，白圭身先士卒，带头节俭，“能薄饮食，忍嗜欲，节衣服，与用事僮仆同苦乐。”这也是先秦时期家族经营的体现形式。家族经营，带头节俭，必然带来家业昌盛。“王文显商人，从商多年，百货心切，足迹且半天下，善心计，识重轻，能时低昂，以故饶裕与人交，信义秋霜，能析利於毫毛。故善商者，处财货之场，而修高明之心，是故虽利而不污，善士者引先王之经，而绝货利之轻，是故必名而有成。故利以义制，名以清修，各守其业，天之鉴也，如此则子孙必昌，身安而家肥矣。”（李梦阳《空同集》卷四十六）在家族教育子女以义来求利，做人要厚道，此思想影响了一代又一代商人，“孙崇禔，性仁厚有声乡曲，常设义仓，立义学，以济贫寒。”（《西淮盐法志》卷二十二）“范三提，久著信义，居数十年，以忠孝教子孙，以善良劝闾里，修群庠，发粟赈饥，矜全孤寡，知与不知，无不称君子。”（《介休县志》卷九 人物）

致富之后能够主动帮助乡邻乐善好施，范蠡“三致千金，再分散与贫交疏昆弟”，能够帮扶孤贫，商人能“尽散其财，以分与知友乡党。”（《史记·越王勾践世家》）虽然追求经济利润固然是商人们的动力，但是在古代众多的儒商能够上升到精神境界，故有多次的乐善好施的义举，“富而好行其德”，《盐铁论·贫富》曰：“陶朱公故上自人君，下及布衣之士，莫不戴其德，称其仁。”这也说明了商人们致富之后能行其德，德是富的升华，只有这样才能使得家族经营继续发展下去，能够不断发展壮大，如果富而不行其德，反而会造成恶性的循环。“父仲玉，遭世凶荒，倾家赈恤，九族乡里赖全者以百数。”（《后汉书·循吏传》）“商人李，起家商贾，三次赈饥，全活多人。商人刘，尝贩粟数舟至龙门，目击荒形，恻然悯之，悉以施济。”（《山西通志》卷一百四十三 义行录中）

常常教育子孙经商要忠厚，“结交务存吃亏之心，酬酢务存退让之心，日用务存节俭之心，操持务存含忠之心，愿使人鄙我痴，务使人防我诈也。前人之愚，断非后人之智所可及，忠厚留有余，汝辈宜持之其毋失。”（《续修张氏族谱》近系宗颜派）富而好行其德，也对村庄种族的稳定和凝聚起了重要的作用。

信是家族经营模式的核心动力，由家族成员感情及信任联结的家族成员之间具有较高的信任水平，可以激发出团队的凝聚力，形成“忠诚”的团结精神，并且家族经营模式强调家长的威信，具有决策快、适应力好、执行力强，节约商贸交易活动决策的成本，能够及时抓住市场的变化来做出调整。同时，这种父传子继的家庭经营模式，促使家庭成员之间对业务更加精通，减少了培训的成本，因为学习相关交易活动的知识是需要花费资金与精力的，有时候还会影响到交易活动的顺利开展，而家族式整体经营模式则会方便得多，因其决策高效，反而会促使家族经营模式进一步延续下来，势必带动更大产业的发展。因此，先秦时期这种家族整体运作的商业模式，对后世的商人及企业经营活动产生了巨大的影响。

第四章　先秦商业道德的特点

先秦时期，生产力的发展，铁器广泛使用，手工业得到快速发展，尤其丝织发展，增添了手工业的物品种类，物品交换数量及品种比以前都有了大幅度的增加，商贸活动的区域与广度进一步扩大。在这样的有利环境中，商人队伍得到了迅速壮大，商人伦理道德精神得到了孕育与发展，促成了商人忠信伦理精神的形成，并对以后商人经商活动产生了重大的影响，以后商业道德的主要内容及商人精神都是在先秦时期这个基础上发展而来的。

在交易活动中，先秦时期儒商的忠信在具体商贸中体现为诚实守信、量足质优，将外在的物品交换活动与内在的做人融合起来，通过商贸活动升华自身，将看似争名逐利的交易活动变成了践行个人忠信观的互动过程，展现了中方商人有血有肉、有情有义的进取意识。

先秦时期，商业道德开始孕育与发展，其记载散见于一些古代典籍之中，尤其《货殖列传》记录比较翔实。商业道德内涵丰富，思想深邃，其是以诚信忠诚、市不豫贾、货真价实为基本内容，在商业活动中与西方商贸活动有着显著的不同，从而呈现自己独特的特点。它是以爱国主义为基础，以忠诚不欺为基石，以货真价实为

要点，以服务社会为己任，形成了先秦时期商业道德的显著特点和独特方式。

一、以爱国主义为基础

国在《诗经·民劳》中有：“惠此中国，以绥四方。”国在古代是指地域的意思。马克思认为国家是阶级统治的工具。在传统伦理道德文化中，就有“以公灭私，民其允怀。”做事把公放到第一位，践行忠信。“忠，德之正也。”（《左传·文公元年》）孔子主张：“行之以忠。”（《论语·颜渊》）国家的发展、民众的生活安定离不开国家的稳定，其中背后更离不开爱国主义的支撑，爱国主义是激励中华民族团结，勇往向前的旗帜。在传统伦理道德文化的感召下，古代商人就有爱国奉献的忠信精神，商人伦理精神正是在这样伦理文化的熏陶下而逐渐形成的。

爱国主义是一个激励民众奋勇前进的精神力量，已经渗透进中华民族的血液之中。先秦时期的商人，在处理小我与大我的关系上，当国家利益与个人利益发生冲突的时候，始终把国家利益放到第一位。先秦时期郑国商人弦高以“十二牛劳秦师”爱国故事至今流传，成为美谈。这些激励人心的爱国事迹，鼓舞着无数志士仁人为了国家的利益，牺牲个人利益而在所不惜。“报效祖国、忠诚爱国”的爱国主义更是生活中生动的体现。古代“报效祖国、忠诚爱国”的爱国主义也是商业道德的前提，更是中华民族爱国主义的核心价值元素。它有哪些表现呢？

第一，维护国家整体利益，抵抗入侵是首位。在交换活动中，传统商人爱国更多表现为对国家民族前途和命运的关怀，对他人命

运的关怀和尊重，不仅是为了利益而存活。自古以来，维护国家利益，尤其当整体利益与个人利益发生冲突的时候，自觉以民族利益为重，这种意识已经镌刻在中华民族的血液中，商人也是如此。郑国商人弦高爱国事迹传为美谈，商人纷纷效仿，如汉代商人卜式就是典范，当外敌入侵的时候，捐出自己的家产，呼吁大家联合起来抵御匈奴的入侵。实际上，抵抗侵略，维护本国利益这种爱国意识在先秦时期就已经形成了，并烙印在商人的血液之中。《孟子·公孙丑上》记载："当今之时，万乘之国行仁政，民之悦之犹解倒悬也。"国家实行了仁爱之政，赢得了民众之心，才会形成强大的凝聚力，民众"一死之外，无可为者"。王安石指出："外则不能无惧于夷狄"，这种对于国家民族的认识已经深深镌刻在儒商的心中，才会有更多的商人在国家遇到危难的时候，能够挺身而出，才会有"为贤者宜死节，有财者宜输之"行为发生。在国家遇到危难之时，商人詹元甲不赚取昧心之财，他说："嗷嗷待哺，予取一钱，彼既少一勺，瘠人肥己，吾不忍为。"（《婺源县志》卷三十四）在经商的时候，这些事迹有力地说明了传统商人从事商贸活动的动机不仅仅是为了寻求利益，而更多的是为他人着想，是对国家民族命运的关注，在具体活动中彰显了传统伦理文化"性本善"的价值取向，而并非像一些人曲解的商人眼中只有"钱"。

第二，舍身报国，奋发图强。《左传·公孙丑上》记载："临患不忘国，忠也。""公者，以天下为心，一己之奉不计也，私者以一身之乐，一时之适为心，天下皆失其所，不恤也。"志士仁人要有"大道之行，天下为公"的情怀，就是舍身报国，尽自己的能力以天下为己任。郑国商人的爱国之情，后世称之为贤上。还有徽

商，每当国家处于危难之际，商人们都挺身而出，担起了为国尽忠的义务，自愿尽自己的力量来赞助国家。如明代抗击倭寇的斗争，许多商人首先捐款，并发动自己的家族成员捐款和出力，竭尽自己的能力，参与到修建城防工事，防御倭寇入侵。商人们除了捐款和出力之外，还通过主动上交商税等形式来报效国家。商人言道，“小人若重利轻义，则逆而不告，所以然者，常恐有愧于心故耳。”商人做出这样大义的举动，常常是内心驱使，自觉自愿的，没有外在的制约和监督，传统商人忠信精神是闪烁着人性伦理色彩的。

在国家遇到危难之际，商人们捐款捐资金，或出人出力，或参与抗敌斗争，或主动上交税款等。商人们以自己的实际行动，恰当处理好了国家利益与个人利益之间的关系，其“天下为公，舍生取义”的行动赢得社会的赞誉，更成为儒商们爱国为民内在精神的价值追求，其爱国抗敌的美德被后人称颂，更被后代商人们所效仿和学习。

二、以忠信不欺为基石

先秦时期对于商业道德的记述，见到有忠信不欺的词语。《淮南子》有“市不豫贾”意思就是不能欺诈买者，不谎价，做商业交易活动要讲究诚信。朱熹说：“信是信实，表里如一。”在商业活动中，诚信是社会正常活动运转的基石，更是商人做事的根基。《论语》说：“人而无信，不知其可也。”“言忠信，行笃敬。”这说明了信对于个人及社会发展的重要性，忠信更是商人交易活动的基本，上述对于信的表述，“信”更侧重于生活的真实，更注重语言与活动的吻合性，也就是信的内涵更贴近于实践行动，信就是“表里如一”，即是内心的真诚和外在行动合二为一。对于违背忠信，

会冠以“奸商”的字号，此惩罚性也是具有人伦色彩的道德慰藉，而不像西方带有制度性的惩罚，这种忠信更多源于商人交易活动的自觉性与自律性，而不像西方依靠制度来约束和制约，这也是中西方忠信文化不同之所在。

忠，孔子说：“与人忠，虽之夷狄，不可弃也。”（《论语·子路》）既包括“尽己之谓忠”，对自身的内在要求，就是做人的基本要求，同时，还体现在做事情方面，“执事敬，与人忠”，兢兢业业做好本职工作，才能够天下敬忠。在商业活动中，信接近于“敬事而信”，双方交往应当是真诚的，失去了真诚，双方交易将会失去信任，就为欺诈埋下了伏笔。在商业交易活动中，双方的交易建立在真诚之上的友好合作的基础上，才会有“不欺”的事情。可见，唯有诚信是保证双方交易活动顺利进行的前提，诚信已经成为了商贸活动中的无形资产，也是社会活动顺利发展的基石。

《资治通鉴》上有“夫信者，人君子大宝也，国保于民，民保于信”。诚实无伪，可谓忠信矣，在商业活动中恪守诚信，不欺诈不虚高价格，才真正是良贾（诚贾），“非诚贾不得食于贾”，良贾就是负责贩运物品，从事着生产者与买者之间的中介，在市场活动上讲求诚信，依靠诚信来互通有无，赚取合理的差价，更有“贪贾三之，良贾五之”的说法，对于贪贾们只是言语方面的声讨，而没有制度性的约束和制裁。商人吴鹏翔，贩运粮食到汉阳，当时汉阳遭灾，抬高粮价可以大赚取一笔，而吴商人“悉减价平售”，尽显诚贾们之本色。在灾年之际，奸商抬高物价，而诚贾却“价如往年平”，讲究“财取足用而已，役之于此，不亦苦乎，亦弃业不为”，表现了诚贾“瘠人肥己，吾不忍为”的忠信品格，也彰显了诚贾们善良为民的经商情怀。

古代社会，传统道德文化对商人的经营活动影响至深，尤其诚信是传统伦理文化的核心，也是儒家思想的核心元素，儒商恰好做到了传统伦理文化与商业活动的结合，从而促使儒家思想得以在商业活动中推进下去。一方面，诚信具有主体的内在自觉性，其是主体的内在根基，对于成就道德理想人格具有重要的作用。另一方面，诚信又具有外在的行动性。这就是道德主体内在的自觉性向外的扩展和延伸，使得主体的内在诚信品质得以落实，得以在行动中表现出来，表里如一。江西商人陈荣信，在一次经商的过程中，经历大喜大悲，依靠忠信不欺，最后赚取了利润，于是把“吃亏是富”当作了自己的座右铭，并以“满者损之机，亏者盈之渐，损于己则利于彼，外得人情之平，内得我心之安，既平既安，福既在是矣。”在商业活动中，诚信的体现就是商人要内心真诚，不自欺，要信守承诺，不能肆意抬高物品的价格，在经商过程和结果中要做到忠信、善良，诚信更是商人道德品质的外在呈现。

先秦时期商业道德受到了传统伦理文化的滋润，尤其像子贡这样的商人，亦商亦儒，是先秦时期儒商形成的标志性人物，也可以说得上是儒商的开山鼻祖，子贡赎鲁人于诸侯，以著积显于诸侯，对国家、社会彰显了儒商做人做事的情怀。诚信在商人身上传承下来，“太夫人于归时，增翁弃儒，营什一之业，干则俊，万则仆，称上贾，太夫人时劝赠翁取却赢为廉贾。”（《丰南志》第四册）“洪扬之乱，年甫幼冲，备尝艰辛，承平后，既往衢州货，以信义著闻，基业日泽。”（绩溪《西关章氏族谱》卷二十四）“事成而人不知其德，其或有形格势阻，辄食为之不宁，民尝语不孝等，曰：我祖宝七进温饱，惟食此心田之报，今遗汝十二字，存好心，行好事，

亲好人。”（《丰南志》第五册）“居扬州，家素丰，好施与，如煮赈施，修文庙，资助贫生，赞襄育儿，建造船桥，济行旅。”（《扬州画舫录》卷十六）“齐兆传，独创义仓，凡救灾捍患，事至力任之，不惜劳费。”（《婺源县志》卷三十五）

正因为有一大批像子贡那样的儒商，诚信、忠诚、不欺诈等是其核心的元素，古代商业道德是以诚信、忠诚为基石的，在某种程度上来说是与古代伦理有着密切的渊源关系，在古代商业活动中，为了保证商业活动的顺利进行，使得商人可以持续长久得到利润，良贾们也是需要以忠诚、诚信等为交换原则的，这是以忠信不欺为交换基石的。

三、以货真价实为要点

从古代相关记述来看，先秦时期商业道德的另一个显著的特点就是货真价实、量足，这也是商业道德的重点。

首先，从货真量足来看。在进行商业活动时，要求提供的物品质量上乘，不能弄虚作假，不能欺诈消费者。《周礼·地宫》记载：“以质剂结信而止讼，以贾民禁伪而除诈。”物品质量要求有保证，“凡市伪饰之禁，在民者十有二，在商者十有二，在贾者十有二，在工者十有二，治其市政，掌其卖椟之事”。还有虞孚为了多求利，在漆中掺了漆叶膏，结果弄巧成拙，最后血本无归。《郁离子·虞孚》中商人们如果在物品质量方面没有保证，弄虚作假，以次充好，以假作真，最后不但不能求得利，反而搬起石头砸自己的脚，自己的利益反而会受到更大的损害。《礼制·王制》曰：“布帛精粗不中数，幅广狭不中量，不粥于市，五谷不时，果实未熟，不粥于市，木不中成，不粥于市。”物品质量需要达标，如果不符合要求，就不能在市场上交换，不出售伪劣和不合乎质量的物品是市场交换的基本要求。更有《梁书·明山宾传》记载：“山宾出售牛”，在收钱之际，对人言道此牛有患漏蹄，表现了还淳反朴，把物品的质量与商人的内在诚信融合在一起了。

其次，商业道德重点还体现在定价合理，价格实在方面。“市不豫贾”，不能为了利益不择手段、虚高价格。买卖公平、价格合理，这是市场交易活动的基本要求，也是商人们应当恪守的内在遵循。“口不二价”被商人们视为经商的道德规范，《后汉书》商人在出卖物品的时候，坚持了一种商品三十余年“口不二价”，被人们所称颂和乐道，也为其他商人经商做了榜样。还有商人坚守物品价格不涨价，“取直”如平常一样。“董龙，贸易无二价，不求赢余，取给朝夕而已，诚信笃实，孚于远矣，有借贷者，虽数十里互求居中，不须债约，而彼此自协，未尝就中规利。”（《婺源县区》卷三十六）价格制定之后，一言既定不再更改，更不能为了私利随意上涨。在古代，许多商人秉承了这种“交易无二价”的优良传统，不以价格欺诈顾客，依靠诚信与公平来赢得买者，用不变的价格来求得市场，使得良贾的美誉流传下来，这也是商人的产业逐渐做大的关键所在。

最后，在物品的称重上不作假，不缺斤短两。《周礼·地官》记载：“以次叙分地而经市，以陈肆辨物而平市，以政令禁物靡而均市，以商贾阜货而行布，以量度成贾而征价。”“在商者十有二”，有物品质量和重量上不合格，是要禁止出售的。《商君书·修权》曰：“先王县权衡，立尺寸，而至今法之，其分明也。夫释权衡而断轻重，

废尺寸而意长短，虽察，商贸不用，为其不必也。”商人冯学诗，“所用秤斗常满出平入，绝不愿从中取巧焉。”还有商人董延贺，以贩运物品为生，质朴而不与争吵，“凡是贸易所得，悉以济人。”（《续修寿阳县志》卷八）进行物品的贸易要做到物品重量准确，不能缺斤少两，尤其是计量精确和分量足够的商人是会得到人们的赞美，而物品计量给得不够，缺斤少两是会受到人们谴责的。只有价格公道，重量足够，诚信经营才会赢得人们的信赖。

四、以艰苦创业服务社会为己任

先秦时期的商业伦理文化，汇集体现了先秦时期商人们的艰苦创业服务社会的理想追求。在商业经营活动中，由于士人的加入，提升了商人们的文化层次和水平，商业不再仅是一个谋生的职业，也是一个施展人生抱负、服务社会的舞台。例如，范蠡，将诚信作为经商的根本，农末兼营，关市不乏，后成为商业巨富，成为陶朱公。子贡，将信作为经商的秘诀，分庭抗礼，二十取一，依靠商业智慧终成富贾。

艰苦创业，勤劳节俭更是商人经商活动的内在精神。商人们“变其本俗者，余则俭啬仍有唐魏之风。五台地本贫瘠，其俗之俭为尤甚，商贾隆冬走山谷，布袄之外，裘老羊皮马褂，所以然者，正以其贫也，响使台公民亦贸迁远方如诸大县力能致富，则风气之变，亦已久矣。”（《五台新志》卷二）勤劳节俭、和气生财的经商理念影响了一代又一代商人，勤劳致富以后，富而行其德，商人董修富，经商致富之后，“修桥铺路，建造庙宇，在清水河，施渡船只，今犹赖之。”（《大荔县志》卷十二）正因为诚贾能够对待金钱取之有道，商人刘邦祯“每次贷钱总让银子五两，不为多取”，这种为他人着想的忠信精神，受到众人的称赞。

勤劳节俭、艰苦奋斗是传统道德美德，也是传统商人经商活动中所遵循的道德规范。“勤是生财之路，俭是用财之节。”古往今来，诚贾一向都注重勤劳节俭，以节俭进取来对待商贸活动，不敢有丝毫的松懈，“业不可废，道唯一勤。”例如，晋商的创始人乔贵发，初期自身一人到外创业，依靠卖豆腐一步一步起家，其中困难和艰辛可想而知，就是富裕之后，对家庭成员的节俭要求依然不松懈，要求家庭成员不准纳妾，不准虐待仆人，不准嫖娼，不准吸大烟，不准赌博，不准酗酒等。正是因为始终保持着节俭之风，才有乔家商业的辉煌。还有“大盛魁”祠堂供奉的一个扁担、两个货箱、一块石头和一碗稀饭等，一碗稀饭就寓意了在创业过程中众人合吃一碗稀饭的艰辛和心酸，这些物品也时刻在提醒着众人要保持好勤劳节俭的习惯，而不能忘记了过去创业的艰难。没有昔日的艰辛奋斗，没有昔日的节俭进取，何来商人今后的辉煌，为了不忘昔日的创业艰难，教育众人“半丝半缕，恒念物力维艰。”

在经商活动中，传统伦理道德文化潜移默化影响着商人，尤其儒家的仁义思想对商人忠信理念的塑造具有很重要的作用，这些思想从不同的方面对商人们的忠信经商理念起着引导的作用。白圭也是儒家思想和商业活动结合的典范人物，将仁、勇、智作为经商的道德品质，乐观事变，及时回报社会。当时，传统道德文化的潜移默化的作用，使得商人们能够使忠信经商理念达到比较高的理性认识，在商业活动中，做到了“虽然也求利，但是始终以道义为根据”，把传统伦理深深镌刻在自己的心中。同时，商人在商业活动

中能够做到忠信为本，义行天下，关键还是商人们自己主动去践行，是商人们自我觉悟和精神提升的结果。可见，勤劳节俭不仅是传统道德文化所倡导的美德，更是商人们进行商贸活动和扩大规模的重要措施。

五、以重人伦的道德关怀为着重点

重人伦、重忠信也可以说得上是古代道德文化的重要组成部分。白奚学者就认为忠是职业道德规范的重要内容，其对“忠”的阐释既有主体内心意义上的忠，也有对于君王的为政以忠。❶

忠既有尽心事君，也有忠义爱国的意思在里面。孔子曰：“君使臣以礼，臣事君以忠。”（《论语·八佾》）忠体现的是君臣之间的关系，要尽心事君，并不是对于君王的一味盲从，而最终目的就是为了治国平天下，为了黎民的生活。作为国民应当尽心竭力，做好自己的事情，廉洁奉公，“君子是以知季文子之忠于公室也，相三君矣，而无私积，可不谓忠乎？”（《左传·襄公五年》）季文子为大臣三年，家中却毫无私积，节俭朴素，不铺张浪费，这也是忠的表现。臣子要做到忠君，“其为人也，喜怒不形，物我无闲，知其有其国而不知有其身，其忠盛矣。”（《论语集注·公冶长》）对于大臣来说，忠于臣民，殚精竭虑，忧国忧民，忠君爱民，“居庙堂之高，则忧其民，处江湖之远，则忧其君。”（范仲淹《岳阳楼记》）重视人伦指导，从事经商不仅是贩运物品，也是商人为人处世的过程。重人伦的亲情，重忠信是商人所秉承的，商人取得事业的成功与商人的人格品性是密切相关的。商人张静轩曾言道，“经

❶ 范鹏、白奚：《礼忠孝的现代诠释》，《孔子研究》，1997年第4期。

商结交务存吃亏之心，操持务存含忍之心，断非后人智可及，忠厚留有余。”从事商贸活动讲究忠信，不欺诈顾客，才能赢得市场的地位，才能占据市场有利的地位。商人的人格信用和品质也是商人成功的基石，否则，违背了忠信，虽然暂时会取得一定的利益，但是终究会被其他诚贾所谴责，势必失去个人的忠信信用，难以在商贸活动中有立足之地。杜维明指出：“其实孔子的仁学本有超越的一面，也就是子贡所谓不可得而闻的性与天道的一面，孟子的尽心知性知天，董仲舒的天人感应，乃至程颢的仁者以天地万物为一体的思想，虽与孔子的天命观有所不同，但都是儒家在超越层次的表现，儒家的认识论是和经世济民的政治抱负紧密相连的。”❶

可见，传统社会尤其注重人际交往中的忠信、仁义等亲情伦理，这些重人伦亲情的伦理关系也影响到古代的商业活动，商人们在商业实践活动中呈现出了浓重的忠信仁爱伦理色彩，这也是中方商人的忠信文化与西方商人诚信认知又一个显著的不同。

在商业活动中，忠信、人伦更多的表现是对他人（顾客）的尊重与关怀，这与同期西方商业活动中重契约、重利益优先是不同的。西方学者普芬道夫认为国家就是建立在契约基础之上的，国家的权利是大家把自己的权利让给具有契约性质的国家，而霍布斯认为：在自然状态下，人们为了争夺财富，相互之间会进行斗争，而要寻求一种大家相互认可的“契约”，这种契约从某种程度上可以制约人们之间的争斗，依照此方面使得大家的权利得到保护。卢梭认为人的本性是善良的，私有制的出现使得人的本性得到了改变，唯有

❶ 郭齐勇、郑文龙：《杜维明文集》（第五卷），武汉：武汉出版社，2002 年第 15 页。

通过契约可以使得人们的利益得到保护。在西方商业活动中，买卖双方的权利与义务都是建立在契约前提之上的，依靠规则来保护双方的利益。

恰恰相反，中国则是更多依靠商人们的忠信、人伦来进行调整的，在商业活动中，子贡经商对跟随人员说要“言必信，行必果”，商人明山宾卖牛时候不欺诈顾客，告诉对方真相。范蠡经商的时候，要求从业人员用道义来做生意。詹元甲经商的时候，恪守道德操守，不赚取昧心之利，“瘠人肥己，吾不忍为”。在商业活动中，西方商人更多是追求利润，而中方商人更多是替别人考虑，依靠内心的中心道德规范，呈现出传统商人人性本善的伦理情怀，在活动中充分考虑买者以后生活的伦理情怀，表现了中方商人对人的生命感悟与升华，与西方商人唯利是图、只想追求利润形成了鲜明的对比。一种文化的价值就在于能够促使社会中人们的修养提升、人格完善与精神愉悦，而中方的重忠信、重人伦的价值取向正是其鲜活的一个表现形态。

重忠信重学习是儒商的文化寻求。士而商，士人的好学，也是古代时期商人的传统，“好学犹愈于它俗”，儒商的好学习，崇尚仁爱忠信，《史记·货殖列传》记载：“宽缓阔达，而足智，好议论。”传统深厚的文化氛围与儒商的好学结合起来，如子贡、范蠡就是这样的商人。子贡勤奋上进，“学于仲尼，退而仕于卫，废著鬻财于曹、鲁之间”，是一个富有而好忠信的亦儒亦贾，有的人甚至把子贡当作了儒商之鼻祖。

商人党玉书，“以人格为基础建立起来了个人的商业信誉之后，又以信誉为基础建立起自己的商业网络”，[1]管鲍子贵征，交以道，按以义，用人任事，无不得宜。“拜佛求神，设立类似桃园结义，关公之像、二十四孝等。”[2]正因为中方传统商人是依照诚信来着手的，“以义制利”，这种诚信包含于经商的过程和结果，不同于西方的契约，是由同行的商人商议之后，大家来遵守，完全是靠商人们的内心道义力量，没有制度性的强制性，不像西方商业活动中是由严格的程序来保证商业活动的，如果违反，将会有损失比较大的惩罚，而中方的惩罚则充满了人性化的伦理色彩，“秤足十六两，庶乎校准均匀，公平无私，俱各遵依。公议之后，不得更换，犯此者，罚戏三台。”

这种惩罚规定是细致的和温情的，而在现实的生活中执行起来却是温和的，充满了中方人伦的“人情”味，如“罚请客两桌”“罚大戏三台”等；这种中方商业活动中惩罚与西方的利益制裁和制度约束形成了鲜明的对比。由此，可以看到中方商人的忠信、重人伦等是靠传统伦理文化来制约的，而西方的诚信则是依靠制度来约束的，是由上而下来进行的，与中方的形成氛围恰恰相反。

---

❶ 黄海德:《变迁—— 一个中国古村落的商业兴衰史》，北京：人民出版社，2006年第115页。

❷ 黄海德:《变迁—— 一个中国古村落的商业兴衰史》，北京：人民出版社，2006年第135页。

第五章　先秦商业道德文化的优势与发展受限性

正因为商人们觉悟的提升，唤醒了商人们的职业自豪感和自信心，提升了主动服务社会的意识，激发了商人们忠信和利他意识的回归，忠信经商，诚实做事，艰苦创业，成为商人们的创业格言，服务社会也成为商人们内心的己任。这种调节商业活动双方关系的道德规范，聚集了先秦时期道德文化的精粹。商业道德虽然产生于先秦时期，定型于西汉时期，到了明清时期获得了进一步的发展。从商业道德的历史发展来说，先秦时期商业美德是源头，作为协调买卖双方交易活动关系的道德文化，对以后的商人活动产生了重要的影响。

一、先秦时期商业道德文化的优势

自从先秦时期商人们就有了结伴而行外出经商、遵义求利的习惯，在商业活动中坚持以义求利、诚信为本的价值观，义利观、诚信经商观呈现了传统商人对伦理道德文化的坚守，富而好行其德则体现了古代商人对义利关系的灵活把握，并进而赢得了市场，得到了百姓的赞誉。古代商人经商活动的事例表明：诚信经营、以义为本、童叟无欺的商业活动理念，不仅在商贸活动中发挥了巨大的作用，而且对于今天的商业经营活动依然具有重要的借鉴价值。

（一）有效确保商业活动有序发展的行为依据

古代商业活动的有序发展，既需要发挥传统伦理文化的约束作用，又需要能够把忠信等道德规范提升到市场活动规则的约束上来。

如依照古代的徽商晋商活动为例子，徽商、晋商的成功之处在于以先秦的商业道德文化作为基础,把其提升到了市场方面的规则上来。清代的凌晋便是一个代表，可以说是“以利思义”的一个榜样。“虽经营阛贵中，而仁义之气蔼和。与市人贸易，黠贩或蒙混气数，以多取之，不屑较也。或讹于少与，觉则必如其数以偿焉。然生计于是乎益殖。”（凌应秋《沙溪集略》卷四）在与人交易时，别人多取他的钱财，他并不计较；而在付给别人钱财时，一旦发现有缺斤少两时，必如数补偿。可以看出凌晋是仁义经商的典范。清代商人舒遵刚曾说:“生财有大道，以义为利，不以利为利。”就是说做生意要遵守道义，不能以利为利，他说：“钱，泉也。如流泉然，其源斯有流，今之以狡诈生财者，自塞其源也。”（《黟县三志》卷十五）又言：“因义利而用财，岂徒不竭其流而已，抑且有以裕其源，即所谓大道也。”（《黟县三志》卷十五《舒君遵刚传》）只有遵循道义才能取得较好的收益，道义是取得财利的大道，离开了道义，财就会枯竭。

（二）维系商人明道救世的道德规范

儒家是以仁爱为核心的明道救世伦理体系，“保天下者，匹夫之贱与有责焉耳矣。”（《日知录·正始》卷十三）传统的明道救世的伦理文化，不断鼓励着志士仁人为民族发展而不懈努力奋斗，这种“守诚信”的明道救世已经成为商人们维系良好信誉行为的伦理规范，并成了商人们商业活动的道德操守。

在商业活动中，尤其儒商的加入，大大改善了商人的文化结构，他们白天从事商贸活动，晚上浏览史书，商人江遂志，“舟车道路，恒一卷自随”，经常读书，使得儒商可以汲取古人经商的智慧，善于“进退存亡之术”，能够把握好出卖之机会，获利颇多。再有商人吴颜先，经商闲暇之余博览诗书，赢得众多商人的信赖，纷纷向其请教经商之术，“权衡物品轻重，悉察盈虚之道”，一时间成为众多商人的智囊。儒商从事商贸活动，进一步促进了交易活动的开展，并且其对交易活动有着较为理性的认识和利益取向，有利于形成正确的商业美德。

在商业发展的活动中，广大商人高举爱国济民的旗子，传承着古代优秀的商业道德文化，以质优，价格公道的物品服务于社会，赢得民众的信任与支持，进一步在商业活动中展现了先秦时期商业道德的风貌。例如：“胡庆余堂”的创始人是在我国民族工商业发展历史上有代表性的人物——胡雪岩。他创办的胡庆余堂雪记国药号，是江南最负盛名的中药店，它以“采办备真”为经营宗旨，以“真不二价”与“戒欺”作为店的规则，讲究质量，赢得极好的信誉，生意十分红火，民间流传有“北有同仁堂，南有庆余堂”之说，赠送药品，救世济民更是胡庆余堂的店风与传统，赠送药物，照顾贫困的病人，使它的名声家喻户晓。

当今，贾而好儒，亦儒亦贾的道德传统依然保持着。董明珠，格力电器的负责人，也是一位儒商，通过自己的努力而成了全球有影响力的女企业家。“讲真话，干实事，讲原则，办好事，讲奉献，成大事”成了企业的座右铭。王传福，比亚迪董事长，毕业于中南工业大学，后在中国有色金属研究院获得硕士学位，从其成长的经历来看，其也是一位儒商。当今的儒商继承了传统明道救世的道德规范，勤奋节俭，把诚信守本、公平交易的原则贯彻到商贸活动中，发扬了忠信为民的进取精神，为商业活动的发展做出了相应的贡献。

（三）提出了忠信人格的参照标准

“信”是商人安身立命的根本，孔子曰：“敬事而信”“谨而信”，（《论语·学而》）从自身强调了忠信的重要作用，“信，德之固也。”（《左传·文公元年》）忠信是商人内心善的外在呈现，它是自我主体性与社会性的结合，从道德主体来说，只有内在忠诚才能呈现出“信”，从社会性来说，以自我感染他人，进而影响震撼他人。

“无商不奸”是传统社会对一些不讲忠信商人的形象刻画，先秦时期的儒商秉承着“忠信”“以诚待人”的经营理念，恪守着以义求利的信条来从事商贸活动，依靠忠信赢得了买者的信任，在交易活动中宁可损失眼前的小利，不能失去做人的忠义，依靠物品量足、价实质优占据了市场。儒商之所以形成这样的商业美德，源于他们的“富而好儒”，根源于他们受到了传统伦理道德的感召，自觉按照其来进行商业经营活动。商人舒某言道，“生财有道，需要以义来求利”“财富自道生，利缘义取”寻求财富应当遵循道义之规律，讲利应当恪守道义，切记不取不义之财。只有依据了道义，商人的经营才会带来更多的利，“德兴而财多”，如果缺失了道义，舍本逐末，见利忘义，反而适得其反。商人刘淮，囤积了粮食，恰好来年大灾，有人劝他高价抛售，而其却减价售出，“以食饥民”，赢得了百姓的交口赞誉，自然而然，生意日渐兴隆。

一般来说，忠信的商人讲忠信，重孝道，社会上与邻居和睦融洽，施恩于乡里，商人们重义轻财。在经商的时候，子贡反对取不义之

财，而是要依靠正当经营来获利，经商要符合忠信道义的观点，其行为被以后的商人所效仿。从先秦时期经商的相关论述来看，在商业活动的时候，商人们要主动给对方以信任、诚信的良好印象，而不是弄虚作假，欺骗买者，“务完物”，以此来提升自己的商业信誉，在取得财富以后又能够恩泽乡里，乐善好施，帮助乡里，扬名天下。严守信誉，货真价实，争当诚贾的典范，商人鲍直润说过：“如果商人只想着赚钱，一味抬高价格，让百姓感到吃亏了，就会不再光顾你的店铺，自己最终将会失去市场，损害的是自己。”茶山朱某，每当出售的茶叶过期之后，每在交易时候就会在单子上标注“陈茶”，以示声明来不欺骗百姓。在任何时候，诚贾就是心怀善良之心，不以欺世人，始终维护好自己商业活动的信誉。

《淮南子·人间篇》曰：“郑之弦高，蹇他。”先秦时期正是因为有像弦高这样一批商人，忠信、爱国的商业道德文化在他们身上得到了体现，并且影响了一代又一代的商人。忠实不欺、童叟无欺、市不二价。如果商人想着投机钻营，只顾眼前，而不管道义，久而久之，生意就无法进行下去。在商贸活动中，诚贾注重诚信经营，而不取一时之利，也不愚弄百姓来赚取违背道义之财。商人胡仁之，大灾之年，粮食价格上涨，有伙计想以次充好来赚取高利，被其断然呵斥拒绝，以平价售出，从而赢得百姓的赞誉，占据了市场，日后富甲一方。胡雪岩，在出售药品的时候，注重选用质量好的材料，童叟无欺，要求配药的伙计选用质量上乘的药材，如若作假，莫涓人不见，近报己身，远报子孙，可不慎料。诚贾多受到“民无信不立”观念的熏陶，把商业活动的信誉看得比自己的生命还要重要，像保护眼睛一样来保护自己的品牌，依据道义求利，市不二价，恪守忠信。在抗日战争中，广大商人纷纷抵制日货，捐钱捐物，支持抗日运动。更有商人关心国家的命运。陈嘉庚祖籍是福建同安人，后在南洋办厂而成为巨富。他心系国家的命运，捐钱资助中国教育事业的发展。他说："教育不振则实业不兴，国民之生计日绌。"出于对国家命运的担心，对教育的真知远见，从一八九四年起，他开始捐钱在国内兴办教育，直到八十岁去世，全部家产几乎贡献，被誉为华侨的旗帜、民族光辉。

众多的商人在商业活动中继承与发展先秦商业道德"忠信""以诚待人"思想，在商业活动中忠信行商，以道义赢得了声誉，恩泽乡里，这一系列的活动成了洗涤心灵、净化灵魂的文化参照依据。

二、先秦时期商业道德文化的发展受限性

重人伦、重忠信、依靠道义取财是先秦商业道德文化的重要组成部分，它对于形成以诚信、市不二价为主的商业道德原则起了重要的支撑作用。但是，在古代，由于传统经济模式主要以农耕经济为主，商业整体来看还不占有核心的地位，在这样的社会环境中商业活动和商业行为的发展是有限的，通过当时的商业发展措施和做法也折射了古代社会对于商贸活动和商业道德的态度。在这样的环境中来进行商业活动，其本身就会受到一些发展的局限性。由此，对于当时所产生的道德文化思想应当批判地继承和吸收。

（一）商人忠信商业文化观念发展受限于当时的社会环境

忠信作为商业道德的基本规范，它的活动是以商业经济的充分发展和良好社会信用为前提的，而古代是以农耕经济为主导，虽然一定历史时期有重视商业发展的现象，但是整体上商业发展没有占据主导地位，重本抑末就是当时生存状态的鲜明写照。

在这样的大环境中，农耕经济自然而然地抵御着商业活动的进一步发展，如先秦时期的“工商食官”就是其抑商的表现。“工商食官”是先秦时期实行的比较有影响的商业管理模式，这种模式到了春秋后期逐渐走向了没落。“工商食官”表明了商人及其商业活动还是由官府来经营，商贸活动的所有权和经营权还是由官府来控制，《逸周书·程典解》曰：“工不族居，不足以给官，族不乡别，不可以入惠。”当时把商人及手工业者按照族居的办法来加以管理，交易活动的目的“给官”“使帅其宗氏，辑其分族，将其类丑，以法则周公，用既命于周。是使之职事于鲁，以昭周公之明德。”（《左传·定公四年》）商贸活动的物品主要是用来服务官府和公室的。

先秦时期，官府控制着商贸活动。《齐语》曰：“泽立三虞，山立三衡。”实行了“官山海”的政策，控制了商贸活动，“请君伐菹薪，使国人煮水为盐，征而积之。”（《管子·轻重甲》）这些活动允许民营，最终由官府向经营活动征税，俗称盐税，如果商人经营的话，“计其赢，民得其七君得其三。”（《管子·轻重乙》）这种方式主要是通过商贸活动来赚取利润，为往来商人提供便利，开放市场，积累财富。在这样发展经济的条件下，由于受到官府的制约，商贸活动缺乏内在的巨大动力。同时，族乡而居住，相互之间血缘关系浓厚，这也是构成传统“熟人”社会、“人情”社会的特征，忠信就其根源有个人的诚信在里面，这实际上也决定了古代商人的忠信带有一定的亲情性。这是与西方商贸活动相比没有产生社会契约的主要原因，也是古代社会商贸活动具有亲情性和自我忠信性的主要原因。

在古代商贸活动中，官府对商业活动的限制，职业分类的定居，进一步限制了商业活动的开展，官府的限制和商业经营活动受限使得商人们群体经营模式有了存在的空间，家族经营活动就成了一个精神慰藉的场所，商业活动受到限制，从根本上制约了忠信商业道德文化的发育与发展。事实上，商人们为了寻求庇护，攀结地方权贵，寻求财富，这样势必会进一步阻碍忠信商业道德文化在社会的传播与普及，在古代社会中这也是为什么既有诚信经营、童叟无欺的商人，也有缺斤少两、弄虚作假的二元性商业道德文化的根源之所在。

（二）商人忠信道德文化发展的规则匮乏

中方古代是小农经济，农业是国家发展的根本，为了保持国家的稳定与发展，重农抑商是当时社会的主导态势，到了明清时期，商品经济得以发展，商人地位有所提升。古代西方特点是航海业发达，耕地面积较少，商业活动频繁，对于居民的私有财产和权利比较注重保护，商业活动重视契约。同时，西方对于神的信仰比较崇拜，有浓厚的神学色彩，违背了神的旨义就会落入贫穷，追求财富，遵守契约，具有一定意义的宗教意蕴，“在一起创造出来的东西中，世界是最美好的，而在一切原因中，神是最美好的。”[1]

不同的商业道德文化。在历史的发展中，商业经济思想是与社会文化发展相同步的，中方传统商业道德具有浓厚的伦理道德意蕴，西方商业道德具有契约与神学的意蕴，这些差异来源于不同的地理环境与经济形态，中方丰厚的地理环境适宜于农业的发展，而西方航海业发达，经济基础决定上层建筑，经济形态的差异又会导致思想文化与制度的不同。中国古代社会是以血缘关系为纽带，相互之间基于亲情

[1] 北京大学哲学系等：《古希腊罗马哲学》，上海：生活·读书·新知三联书店，1957 年，第 208 页。

的友爱、血亲的信任，大家相互之间熟悉而忠信、友爱，这种忠信更多是血亲之上的信，而非规则、制度基础上的信，这种“忠信”反映在商业活动中，就会失去了规则的制约和制度的禁锢，如果一方没有遵守口头约定和相互信任，势必会出现弄虚作假、欺诈现象的发生，这种情况往往会再发生,因为它没有制度性的约束和相应的规则惩罚。如古代商人的合约，“某所发货到某处，不料市价不利，一时难脱，有某人将货兑去，的限几个月交银，本株守候此银到手方回，缘家中有一要事难等。兹将单寄来，望兄台照单催收。”（《尺牍达衷集》卷二）“前所兑尊货，原约某月清完，弟经措备候取，奈驾先期施里，不得觅交，是以留滞。”（《尺牍达衷集》卷二）所以古代商人商贸活动的顺利进行，更多依赖于商人的诚信。诚信是做人的基本要求，也是经商活动的职业行为规范。“人而无信不知其可。”“信而无道，何以为道？”经商要求当事人要言行一致，讲究忠信，“忠信，所以进德也。”（《周易·文言》）“夫贪贾所得宜多而反少，廉贾所得宜少而反多，何也？廉贾知取予，贪贾知取而不知予也。夫以予为取则其获利也大，富商豪贾若恶贩夫贩妇之分其利而靳靳自守，则亦无大利之获矣。”（《鹤林玉露》十六）

作为商业道德的基本规范，它的活动是以商业经济的充分发展和良好社会信用为前提的，古代是以小农经济为主的，重人伦轻法制，商人们的忠信得不到法制的保护。在这样的社会环境中，以伦理道德作为衡量人际关系的基本遵循。无论是人际交往还是商贸活动，大家注重参与者的忠信、善恶，而往往忽略了法律。梁启超在《论中国成文法编制之沿革得失》中言道：“夫我国素贱商，商法之不别定，无足怪者，若乃普通之民法，据常理论之，则以数千年文明之社会，其所以相结合相维护之规律，乃至今日，而所以相安者，仍属不文之惯习。”可见，在传统社会中，商人们自我权益既不能张扬，又不能得到法律的保护，反而行会或者会馆制定的道德规范倒是颇具有约束力，这些不成文的法律更多的依靠商人们自我的内心道德信念来起作用。由于缺失了法律的框架和规则的制定，古代商人们的活动更多依赖于传统伦理道德和行会的习惯法，这也是古代商人们“忠信”延续于现代“忠信”的重要原因。

先秦时期，商业道德具有许多可供借鉴的东西，但是由于受到当时社会环境的限制，不可避免地具有时代的局限性。商业美德作为一种文化现象，具有自己的相对独立性，这种商业道德并不是孤立的，它是同当时的社会制度密切相关的，是与商人伦理精神有关联的。作为具有忠信内涵的商人伦理精神是具有继承性的，如勤劳节俭的创业精神，艰苦朴素的节俭精神，这些方面没有奋斗精神是无法实现的。规避商贸活动中坑蒙拐骗、弄虚作假的行为发生，商贸活动中要讲究商业道德，商人要有忠信的伦理精神，这些方面在当今仍然是值得提倡和鼓励的。

第六章　先秦商业道德的现代启示

先秦时期的商业道德是调节商贸活动中商人与买方之间交换活动关系的行动遵循，也是用来调整商贸活动与约束商人们交易行为的伦理道德规范的总称。同时，它还是传统伦理道德文化的重要构成部分。在商贸活动中形成的“仁者爱人”的思想，“诚”“信”“智”“勇”的人格品质，“以公灭私”的公私观，“以义制利”的义利观，“尽职尽责”的敬业等商业道德，究其实质来说，在先秦时期的商人身上所体现出的“忠信、以义制利”文化呈现着中华民族的善良、进取、和谐的人格品质，商人身上的童叟无欺正是中华民族善良友爱道德品质的完美呈现。无论是儒商还是普通商人，农耕文明孕育的忠厚、勤劳、善良、和谐的文化血液，在商贸活动领域中得到了延续，这也是传统商人乐善好施、爱国济民等商业美德孕育的深层次根源，也表明了传统的“忠信、以义制利”文化已经融入了商人的血液之中。

可见，先秦时期的商业道德，如义利观、公私观、忠信观等，对于完善道德品质，保持社会的稳定与发展起了很大的作用，并且体现出中华民族的进取、和睦、乐善好施的价值追求，它包含了传统伦理道德的精华，具有历史的延展性和适宜性，更具有传承性，使得古代商业道德在现代社会生活中依然具有顽强的生命力。

一、先秦商业道德与现代市场经济的冲突

传统商业道德是在古代农耕经济的前提下形成的，而现代市场经济是建立在生产力和科技高度发达的基础之上的，这也表明了古代社会孕育的商业道德在一些方面与现代社会发生冲突，主要有以下几个方面的原因。

（一）二者在价值取向上是不一样的

在价值取向上，先秦时期的商业道德是要求商人在商业活动中做到“见利思义”，做到重义轻利。而谈论利的问题，利益的满足是在主体追求过程中来形成的，能否得到利益，与主体自身有很大的关系。从某些方面来说，古代社会所讲的“利”，大部分指的是个人的私利，与国家民族利益联系较少。而在社会主义条件下讲的“利”范围更大一些，主要是指社会国家的整体利益和个人的合理合法利益。在社会主义条件下，谈论个人实际上与整体是紧密相联系的，“就是对于小资产阶级群众说来，也只有在社会主义革命和社会主义的集体利益中间才能真正得到个人的根本利益和个人的真正自由的保障。”[1]一个人只有把自己的利益和社会利益结合在一起，自觉的把社会整体利益放到个人利益之上，人的道德就会凸显，人的利益获取是和社会整体利益结合在一起的，这与古代商人只是单纯寻找自己的利益是不同的。现代市场经济目的就是通过交换追求利益的最大化，另一方面又要求商业从业人员的个体利益在社会中独立地位需要的增长，个体又要对社会承担一定的社会责任，考虑个人合理合法的利益。古代社会，统治阶级丝毫不考虑个人的利益，

[1] 胡绳：《枣下论丛（增订本）》，北京：人民出版社，1978 年第 230 页。

把个人利益的获取多方面限制，以避免危及自己的统治，“存天理灭人欲”皆是如此，只有在社会主义社会，得以把群众的个人利益提升到了一个新的高度来考虑，显示了社会主义社会是为群众利益着想的社会，个人合理合法利益正是社会主义价值的指向，因为社会主义就是要为群众谋幸福，保护好个人合理合法的利益。

（二）先秦商业道德中的诚信思想与现代市场经济中的诚信要求有冲突

先秦时期的商业道德中“忠信”是可以看作是商人们仁义德性的延伸，是与先秦伦理文化紧密联系的，是属于一种商人内在人格而构成的道德规范，更多强调的是商人的内心道义约束与人们之间的人伦信任，相对来说缺乏外在制度的约束力量。而现代市场经济特征是经济关系契约化。契约是商业活动中的主体实现双方利益的凭证，它是建立在自觉基础上协调双方之间权利与义务的强制性约束。

在社会主义条件下，忠信更成了人们交往的美德，这种美德也是社会主义市场经济所提倡和鼓励的。作为社会主义条件下的忠信，势必与古代社会的愚忠、愚信是不同的，它所强调的忠信更多指的是对国家和人民的敬爱之情，对祖国的事业充满着忠诚之情，把个人信用视为人的发展重要组成部分，它是把忠信坦白、表里如一等视为人际交往的重要道德遵循，对以假乱真、背信弃义的行为深恶痛绝，相互之间互相关爱、相互和睦、互敬互爱是忠信的核心元素，互相宽厚友爱、相互帮扶等是传统的美德，也是社会主义市场经济发展所要提倡的。

（三）商业活动的目的是不一样的

先秦社会中商业道德孕育是在农耕经济基础上而产生的，王夫之指出："非待既始之余，求通求利，而惟恐不正，以有所择而后利，此其所以为大也。"（《周易内传》卷一）义与利要达到均衡的状态，这样才有利于万事万物的发展。实际上，道德就是从社会经济活动中而来的，"道德，像其余的人类活动的现象一样，服从于马克思所规定的经济决定的法则：物质生活的生产方式一般地决定社会的、政治的和精神的生活过程。"[1]利益的表现形式都会与相适应的道德相吻合。

事实上，在社会主义社会中，利益同样是道德离不开的话题，社会主义道德也是与物质利益相关联的，并在此基础上发展的，由此，社会主义商业道德也应当是为人民群众的物质利益获得为参照标准，弘扬和传承社会主义道德有利于人们的利益得到实现。在商业活动中，社会主义道德可以把个人利益、集体利益和国家利益三者协调起来，当其发生冲突的时候，把整体利益放到个人利益之上，国家利益是至上的，个人合理的利益也是社会整体利益的重要构成部分。

二、先秦时期商业道德的现代启示

传统商业道德文化孕育于先秦时期的土壤中，在传统忠信等伦理道德文化的滋润下，由古代商人遵循对商贸活动规律的感悟经过长期商业实践活动产生的体验。职业的发展是与社会分工和劳动相关联的，人们在职业生涯中主动展现自我，除了遵循相应的道德规范以外，还孕育了自己在行业中所独有的道德规范。它既有交易活

[1] 拉法格：《思想起源论》，上海：生活·读书·新知三联书店，1963 年第 118 页。

动中的“忠信”“公平”“乐善”等共性原则，又含有传统道德文化所独特的“公道”“尽己”“奉献”的风气和对爱的关怀，这种在商贸活动中所形成的童叟无欺的商业道德，是对诚实劳动的诉求，更是社会公德原则在职业活动中的生动体现，是一种共性与特殊性的联系。一定的职业伦理道德既是对一定历史时期社会道德与原则的折射和反映，也是把忠信的美德继承到商贸活动的方方面面，使得忠信成了商贸活动中的主流文化。一定的职业道德就是对一定的社会道德原则与规范的必然反映，并且常常把与商贸活动有着密切联系的社会道德，如忠信等作为商贸活动的基本要求。商业道德不仅是从业人员在商贸活动中处理买卖双方交易活动的行为规范，还是商人们在交换中根据实际需要进行的经验总结，体现了商人们的自觉伦理精神和自律能力，更是商人们根据实际情况的创造力呈现。

当今的时代环境虽然与先秦时期相比发生了翻天覆地变化，但是无论如何变化与发展，其商贸活动中交换规律依然不会发生变化，其在商贸活动中形成的“重诺守信、诚实向上的交易活动美德，明道济世、爱国济民的伦理情怀，持事以敬、苦中取乐的创业精神，尊重市场规律、因势利导的交换理念，家庭经营的特色”等传统商业美德，至今依然值得我们吸收和传承。

文化是中华民族的血液，传统商业美德是先秦时期商贸活动中伦理道德文化的凝聚和积淀，忠信、以义求财、和气生财等诠释了中华民族厚德载物的文化气质，是确保商贸活动正常进行的精神动力，既有中华民族传统文化的独特内涵，也是区别于其他国家和民族的商业美德，是我们国家独特的精神财富。如果一个国家和民族失去传统道德文化，就像风筝，失去根，就如同人，没有灵魂。道

德的底线丧失，势必也会波及国家和民族的可持续发展力和竞争力，对于过去传统优秀道德文化的学习和基础，关系到传统民族文化的认同和学习问题，因为传统优秀道德文化是民族和国家开拓向前可持续发展的前提和基础。因此，先秦时期商业道德是我们国家关于商贸活动的精神记忆，是我们可以传承的一份独特的道德文化遗产和宝贵的精神财富，对于今天，我们关于社会主义商业道德建设具有重要的借鉴价值。

（一）继承明道济世、爱国济民的伦理情怀，提倡报国爱民

对于传统道德文化，我们要全面地去看待，糟粕的东西要抛弃，如封建的愚忠思想。实际上对于儒家的忠信思想应当辩证地去看待，儒家的优秀道德文化思想也是现代化文化的有机组成部分。“制度的稳固必须以稳固的品格为基础，缺乏正直诚实的个人品格，他们就不会有真正的力量、一致或公正。”[1]作为调整商贸活动中交易行为的规范，商业道德显然是社会文化与商贸活动的呈现化，忠信不仅是人际交往的重要道德要求，而且在商贸活动中也具有重要的作用，其对于社会活动中人与社会的利益与义务关系可以作为商业活动中的行为准则，其中以忠信为前提的信用是人的道德理念的基石，宣传忠信的价值观念，有利于人们形成讲诚信、忠诺言、讲奉献的美德，只有这样才会形成“一心为公”的精神，“君民者，岂以陵民？社稷是主，臣君者，岂为其口实？社稷是养。故君为社稷死，则死之；为社稷亡，则亡之，若为己死，而为己亡，非其私暱，谁敢任之。”（《左传·襄公二十五年》）作为人们都要以天下为己任，

[1] [英] 塞缪尔·斯迈尔斯：《品格的力量》，刘曙光等译，北京：北京图书出版社，1999 年，第 29 页。

天下就是寓意着人民的利益，“有亡国，有亡天下，亡国与亡天下系辩？曰：异姓改号，谓之亡国，仁义充塞，而至于率兽食人，人将相食，谓之亡天下。”（《日知录·正始》）为了天下百姓的利益，应具有忠信的情怀，“保天下，匹夫之贱，与有责焉。”（《日知录·正始》）如果人人都有一心为公、讲忠信的理念，用真诚换他心，以忠信待人，这些作为社会活动中基本的交往准则，不仅有助于形成相互信任、相互团结、相互尊重的社会氛围，而且这些准则对于从事商贸活动的参与者也势必具有相应的协同性，是人类所需要的美德，是可以超越时代的空间。发扬这种明道济世、爱国济民的伦理情怀，有助于塑造人们的精忠报国的精神，因为传统的忠信蕴含了忠于祖国、立功兴利的思想，作为人们要能够有牺牲自我利益的精神，“君子居其位，则思死其官。未得位，则思修其辞以明其道。”（《韩愈文集·争臣论》）具有忠信品质的君子不仅仅是为了个人的利益而存在，也为了国家和社会做奉献的，“应当以天下为己任”，更是铸就人们爱国主义精神的文化之源泉，忠信道德有利于人际之间的和谐，有利于社会经济活动的开展。

一个具有忠信思想的人，就会胸怀“以公灭私”的情怀，无论在什么时候都能够坚守自己内心的道德情操，无论何时何地都能做到“富贵不能淫，贫贱不能移，威武不能屈”（《孟子·滕文公下》），忠信这种思想对于调节个人、集体与国家之间的利害冲突具有重要的价值。当遇到困难的关头，就会舍生取义，这种为了天下的情怀也深深积淀在商人的心中，影响着商人的一举一动，并且把其内化在心中，形成了“以私害公，非忠也”的经商理念。

在商业活动中，商人践行了忠信的道德理念，如“张洲号东瀛，少潜心举业，蜚声成均，数奇弗偶，抱玉为售，持心不苟，俭约起家，挟资游禹航，以忠诚立质，长厚镊心，以礼接人，以义应事，故人乐与之游，而业日隆隆起也。”（《休宁名族志》卷一）商人讲诚信，好行其德。“陆应期，大同人，正德初，贾齐鲁间，同舟者四三辈，不知舟人皆盗也，数因事而谩骂之，应期独否，又时时推饮食劳苦焉，一日，舟人迟迟不肯进，若有所待，同舟者谇欲加鞭，倾之，盗发，会天大暑，舟人拥应期坐树下，剖瓜口舀之，且相诫曰：公长者，愿毋犯，执同舟者，榜挞甚楚，劫其资一空，此去，应期橐，缄识如故。居平好行其德，人皆义之。（《涌潼小品》卷十七《免祸》）讲忠信，行义德，教以爱，行以忠，守而信，皆友爱。得鲁，名参，世家泰塘，居闾右。余尝表得鲁父墓，其先世载表中。父曰子镖，以正德癸酉举得鲁。得鲁独子，父珍之。少从县诸生旸受经，旸，宗人也。……其后，得鲁病，乃从父贾淮扬，父业故饶，至得鲁益息。父任椎直，得鲁逡逡下人，人多附之。……即得鲁善贾，必轨于正经。诸贾人阑出水乡盐，射重利，得鲁独不可，毋打文阁以规利权。及事觉，逮系数十百人，人益以早见多得鲁。得鲁虽服贾，其操行出入诸儒。尝曰：吾父以朴示子孙，即参不贤，愿师吾父朴。”（《太函集》卷四十八《明故处士程德鲁墓志铭》）

弘扬忠信的商业道德思想，可以把这种认知贯彻到职业活动中去，忠于自已的职业，以忠信为本，诚信为民，不贪图私利，“晋省介休、太谷、忻州，有绅士富户，各纠其村中富人出资，依市价粜米，储于社，派清慎者司之，减价粜给，各护其村中之穷民，所出钱本不足，更捐之。至来春米价略平乃止，此本社仓捐赈之法，有共见之利，而无不见之害，诚盛德事页。”（《马首农言》粮价

物价）这种忠信的商业道德理念，在社会主义商贸活动中得到了呈现，人们的忠信精神有了质的飞跃，忠信为民、诚信经商、讲求信用等已经深深镌刻在商人们的心中，并成了商人们行为处事的职业操守，反过来，市场经济活动的发展也促进了人们忠信精神的增强。在商贸活动中，许多的商业参与者继承了先秦商业道德中明道济世、爱国济民的职业情怀，把诚信的商业美德贯彻到商贸活动中，他们不仅参与国家、社会的经济活动，而且乐善好施、恪尽职守、勇于进取，涌现了许多的感人事迹。

建国时期的大庆职工的顽强拼搏精神，为社会的进步、国家的富强默默奉献，一心一意、尽心竭力、忠诚为民、忠信做事，这些核心道德理念并不因为时代而遮蔽，反而发出了更加灿烂的光芒，许许多多的商业参与者发扬了明道济世、爱国济民的伦理情怀，以为国家、社会多做奉献，多为民奉献当作了商业企业的价值目标，并把竭力奉献、一心为民、诚信为本看作企业发展的根基。传统商业道德中的忠信思想，既是一种人际交往的态度和义务，也是一个公民为国家、社会应当具有的责任，更是一个人用心做好事情的道德原则。正是在报国爱民的道德激励下，在忠信道德原则的指导下，许多商业参与者热爱商贸活动，无私奉献，书写了感天动地、激荡人心的业绩和成就，促进了社会的发展和国家的繁荣。“酒香不怕巷子深”。同仁堂之所以持久不衰，原因就在于一直坚持着“养生济世”的职业理念，进行配方，精心选料，精心制作，不怕原料贵，只求药品好，经过诸多的工序，制成了药味纯正的好药，在医生和患者的心中树立了良好的口碑。还有长虹集团，产品持续畅销，业务逐年攀升，就是把质量放到了首位，把顾客放到了心中，以“产

业报国，民族昌盛”作为自己的企业发展理念。“胡开文名墨”，胡余德，为了保住招牌的名誉，注重对于新产品的开发，以针对不同的需求和层次，既有低端的，也有供名贵书画使用的高端货品，既有单套，也有供选择的形形色色多用途的墨，产品种类繁多，质量有保障，成了有名的“胡开文名墨”，原因就是始终把服务顾客放到了第一位。海尔集团的员工奋力进取，力求质量上乘，用心去做好每一件事情，认认真真地去做，不敢有丝毫的懈怠，正是因为有了一心为顾客的奉献精神，才会对待职业活动勤奋认真、兢兢业业，才会取得如此大的成绩。

商业企业、商业参与者不仅要有报国爱民的奉献情怀和执事敬的态度，而且要认真对待自己所从事的职业，勤奋努力，博施济民，要有把顾客当成自己的衣食父母的敬业精神，心中怀有君子，爱财取之有道的职业操守，在商贸活动始终不渝地做到质量上乘、童叟无欺的经营理念，这样既能在商业活动中体现出社会主义人与人之间的关爱，又弘扬了传统商业道德的价值理念。

企业大王包玉刚一直奉行着爱国助民、乐善好施的职业理念。他在 1929 年踏上了故土，凭借着其实力和能力，不仅资助困难的企业，而且购买他们的物品，使得困难的造船企业起死回生，逐渐步入正轨，支持了中国造船业的发展。在 1984 年，包玉刚为了回馈家乡，捐出巨款，筹建了宁波大学，为教育事业的发展做出了重要的贡献，众人皆交口称赞，而他却谦虚地说:“培养人才很是必要，并希望有能力的更多的朋友能够伸出援手，鼎力相助，共襄此举。”捐款多达数亿元。“忠也者，一其心之谓也。”正因为商业经营者心中有了“忠信”的经营理念，在商业活动中全心全意，勤奋努力

地去做好每一件事情，竭力为民，如果心中还藏有私心就不是一心一意，也就谈不上忠信，商业活动中的忠信就是要“竭力去做，有奉献利人的精神”，就是要有献身为国的情怀。

忠信还有讲究商贸活动中的职业责任，尽心为顾客服务，不欺诈顾客，利于社会才是商业活动的基本道德原则。“德义，利之本也。”商业活动的目的不仅是为了赚取利润，壮大自己的企业，还通过商业活动来服务社会、服务民众、奉献社会，这才是一个企业的真正经营之道。

海尔公司成名之后，及时回馈社会，回报社会的感恩情怀，这也是忠信的表现，也是忠于民众的体现。企业能够提供质量好的产品，且不能弄虚作假，欺骗消费者，及时回报社会，如公司捐出巨款赞助公益事业，显示了企业发展壮大以后的职业伦理责任和人文关怀。还有企业家霍英东心系祖国，关心社会的公益事业，设立了“霍英东基金会”，并为各地公益事业捐款助学，显示了其具有极高的职业责任感和利他情怀，这也是传统忠信价值的生动体现和真实写照。

“明道济世、爱国济民”就是忠信的动态行为。忠信精神不仅是一种道德，而且是商业活动中敬业生动呈现，奉献和利他是对职业伦理精神的飞跃，也是忠信道德的生动体现，并且是中华民族优秀道德文化的重要内核，在社会主义商业活动中，许许多多的商业参与者和经营者在传统商业美德的感染和熏陶下，富而好行其德，用自己的实际行动来回报社会，感恩顾客，在社会经济活动中，他们更以自己的捐赠等形式来扶危济贫、乐善好施、博施济众，在商贸活动中始终以忠信等美德作为自己的道德操守和行为准则，在善行广布、精诚为民中提升了自己的为民境界，从而也有力促进了社会主义化精神文明的建设与发展。

（二）传承“义以为上”思想，提倡义利互补

古代社会，《礼记·中庸》曰：“义者，宜也。”《左传·僖公二十七年》曰：“德义，利之本也。”道义是求得利益的根基，“义，人之正路也。”（《左传·僖公二十七年》）道义更多注重的是外在的行动表现，利用和遵循道义是可以求得利益的，“人皆有所不为，达之于其所为，义也。”（《孟子·尽心下》）义是忠德的外在体现，也是道德的实践表现活动，如何来行义？行义要符合忠德，符合善的要求，否则就是不义的。孟子还说：“行一不义，杀一不辜而得天下，皆不为也。”重义就是要重视天下之利，用其来恩泽天下的苍生，国家社会民族的大利和公义才是我们所需要和提倡的，道德是人们需要的。社会的发展和国家的进步应当是物质文明和精神文明、社会文明等同步进行的，利益获取和道德应当是同步的，利益的求得需要符合道德遵循，不能见利忘义，更不能损人利己、弄虚作假，要做到义利统一。

首先，义利结合起来，要改变以往一些错误的认知，既不能“重义轻利”，也不能“重利轻义”，从一个极端走向另一个极端，如果仅仅只强调发展经济而不注重量财使用，尤其是利益群体结构面对利益的诱惑，心理和行为会发生急剧的变化，这样就会产生不好的效果，会加剧人们的心理状态和交往方式的裂变，会加速人们对利益的向往。利益是经济活动的推动力，一般来说，追求正当的利益对于群众来说是自然而然的，但是这种寻求利益的趋势和动机，

如果失去了伦理道德文化的制约和制度的禁锢，很容易诱发一些人为了利益铤而走险、坑蒙拐骗等，呈现出弄虚作假、见利忘义的行为来。在商业活动中，作为商业参与者，应当义利并重，我们要重视群众的利益获取，提高生产力，满足群众日益提升的生活需要。同时，我们也要清醒地看到，义利观不仅是一个实然的行动问题，还是一个应然的价值追求问题，作为商贸活动中的主体，应当把“义以为上”作为自己的商业活动价值指向。

商人胡雪岩以道义为上，看似短时间内失去了小利，但是赢得了顾客的信任，自然而然更多的利益也就会随之而来。商人王世勋与同乡的胡某外出贩卖茶叶，胡某把一箱子东西放到了王家，后又外出，多年杳无音信，后来胡某回来，看到箱子仍然原封未动，就对王世勋说：“箱子里面有白金颇多，为何不打开进行使用呢？”王世勋曰：“物非已有，岂能随便移动和使用。”（《婺源县志》卷三十五《人物》）从古到今，在商贸活动中商人一直视信用为自己的生命，也显示商人们忠信真诚、一诺千金的优秀品格。

其次，坚持道义为先，以义制利。在社会主义市场经济条件下，全面深化改革，使得一些利益群体有了质的改变。在经济活动时应当对人们追逐利益的行为获得进行相应的调整与规范，既要加强制度建设，又需要进行伦理道德的规范和引导，显然见利思义、以义制利正是我们面对利益的诱惑时所要提倡和规范的。进行商贸活动，寻求利益，应当是符合道义的，应当是正当的，孔子曰：“富与贵，是人之所欲也；不以其道得之，不处也。”（《论语·里仁》）在商业活动中，面对着诱惑和利益的抉择，商人们首先要问一问自己的经营和取舍是否合于“道义”，要依据道义来进行商业活动，要把义放到第一位，这样的话，并不是不要利，而是要寻求合理和长远的“利”，合乎“宜”，商人应当见利思义，而不能坠入利益的深渊。“义然后取，人不厌其取。”（《论语·宪问》）这些话说的就是“义然后取、取之有义”的行为准则。在商贸活动中，“见利思义、取之有义”的道德品质是商业活动的依据和行动准则，商业经营者应当坚守道义，“君子爱财、取之有道”便是最好的诠释和描绘，遵循的“道义”就是商业经营者的活动依据，“先利而后利者荣”，商业活动时要求得利益，但是要把道义放到第一位，寻求的手段要正当和合理，不能欺骗人们，更不能以次充好。

在社会主义条件下进行商业活动，最基本的准则就是所做、所进行的商业活动要符合道德，“见利思义”“行动合乎宜”“取之有道”等，在保护好国家、社会利益的前提下来获取利益。古代商人就有寻求利益合乎道义的传统，“燕致详，张家庄人，在直隶涞水从事商贸活动，路住一宿，捡得皮褡一个，内装白银几百两，于是在店里多住了一宿，候丢失金子的人，后见到来人如数付予失金人。”（《灵石县志》卷九《善行》）商人讲究信义，不能看重一己之私，而应当有利他，更有利天下百姓的理念。如“聂喜珠，字映川……轻财尚义，业商而无市井……乾隆葵丑冬，诣八沟贸易，中途拾一鞍，褥内装宝锭一枚……倾有仓皇哽咽至者……问起形状，数目悉付，竟与之……在遵化数十年，远迩无不称者，尝戒子侄曰：吃亏是福，吾生平无他长，只好此耳。”（《续修寿阳县志》卷八《人物上》）

著名的民营企业家鲁冠球原来经营的是一家名不见经传的小厂子，在生产万向节的厂子中，排名靠后，后经国家计划调整，小厂子如果没有进行优化组合和质量提高，将会被淘汰掉，鲁冠球决定

背水一战，展开质量产品分析大会，研究如何生产质量更好的产品，不能凑合使用，更不能为了厂子的眼前利益弄虚作假。他坚定地对大家说：“我们要提高质量，讲究诚信，再生产出‘凑合’的产品，一律按照废品来处理。”随后把这些产品统统销毁，这样的话势必会损失很多钱，但是不用“血的教训”就不会换来工人们的诚信意识，就不能使厂子得到快速的发展。经过诚信意识和质量意识教育后，产品质量得分靠前，后来国家有关部门来进行检查，厂子以崭新的面目出现在市场面前，大家纷纷来采购该企业的产品。

陈嘉庚爱国助学，陈嘉庚经营橡胶产业，资产丰厚，“富而好行其德”，回家乡后，在集美村兴办小学、中学，乃至大学，从设计到购买优质材料都细心过问。抗战时期，为抗战进行募捐，慰问陕甘宁边区的军民，关心边区的建设与发展，把传统的道义践行到自己的商业活动中去。

最后，“用道义来生利”。商人要想获取更大的利益，得到长远的利益，要把握好道义是前提和根本。“义，利之本也。”人的行动和做事要符合道义，不能违背道义，“行一不义，杀一不辜而得天下，皆不为也。”（《孟子·公孙丑上》）行为要有道义的指引，要有正当性，不能为了私利去作恶。如“六必居”依靠诚信创天下，其采购上乘原料，并且管理严格，如伙计借贷，借后及时归还，靠货真价实赢得了人们的信任。“张小泉”剪刀精心打造，使得铁和钢融合为一体，锋利无比，主要依靠的是好的材料。后被模仿，使其利益受到损害，于是请求保护，“张小泉”剪刀得以被保护下来，其历经长时间而不衰，靠的就是质量和信誉来取胜。

新光集团的吴文狮在企业的发展中始终把信誉放到第一位，主张国家利益和社会利益要放到第一位，并把这种思想灌输到员工的心中，使得员工形成了“以义生利”的商业活动价值观。社会主义商业活动事例充分说明了，商业企业和商人要“以义生利”的义利观来指导自己的活动，正当地去进行，取得利，需要通过合法的形式，如诚信经营、勤奋节俭、改善管理等方式，不能掉进利益的漩涡，见利忘义、唯利是图，要彻底抛弃个人主义、拜金主义等不良的念头，处理好个人、集体与国家的关系，树立其以诚信为中心的义利观。这种义利观不仅是一种价值的认识和追求，而且是商业从业人员的价值指向，在这个前提下能够弘扬集体主义精神，自觉抵御唯利是图、见利忘义的思想，自觉按照为人民服务的精神去行动，这样的观念和行动对于企业的发展也是极为重要的。

重义轻利一直是我们国家良好的道德传统，然而，受到片面追求利益的私欲干扰，一些商业企业和商人失去了应有的良知和认知，为了追逐一己的私利，不惜铤而走险，采用假冒伪劣产品、弄虚作假等手段，不仅损害了自己的利益，也侵害了消费者的合法权益，干扰了市场的正常秩序。市场经济的发展，是应当建立在道义的基础之上，只有坚持道义，才能使得企业获得良好的发展，从而在人们心中获得良好的信誉。

因此，在社会主义经济活动中，需要提升人们的道德观念，弘扬和继承传统的“以义生利”的义利观，倡导新的“兴天下之利”“以义制利”的义利思想，重视群众的利益，实际上这种“义”就是重视群众的获得感，重视道德修养提升，而“利”就是合乎社会发展的整体利益，以集体利益为重，兴人民之利，用更多的利来恩泽天下的群众，这也就要求商业企业和商人在商贸活动中，应当把道义

放到第一位，尊重和满足群众的需求，处理好义利问题，把商业伦理精神和经济活动融合起来，推动经济和社会的进步。唯有坚守道义，才能持续得到人们的认可，才能不断获得合法的利润，这样求得的“利”才是正当和合理的，才会实现义利的有机结合。

（三）继承“守信重诺、诚实守真”的思想，提倡信义经商

商贸活动中的美德作为相应的职业道德，其商贸活动准则的基本精神是近似的，是可以传承和弘扬的。先秦商业美德中的“守信重诺、诚实守真”的思想以及信义经商的道德规范，是传统商贸活动思想中的精髓，在当今的商业活动中是可以传承与弘扬的。

诚信不仅是传统道德文化的精华部分，而且对于商贸活动、人际和谐、个人的发展具有重要意义。“信”是国家和社会发展的基石，“民无信不立。”（《论语·颜渊》）有了信，才能够巩固社会的稳定和国家的有序运转，“盟，所以周信也。”（《左传·襄公十二年》）“然则言而不信，言而无信也，令而不从，令无诚也，不信之言，无诚之令，为上则败德，为下则危身。”（《贞观政要·诚信》）“信”还是社会交往活动的基石。“与朋友交，言而有信。”（《论语·学而》）与人交往要言而有信，还要尽量与正直的人交往，“益者三友，损者三友。”“近朱者赤，近墨者黑。”与有德性的人交往，可以提升自己的素养，反之则会损害自己。在社会交往活动中，诚信是根基，“相交之道，以诚信为本。”（《周易诚氏传》）“信”还是安身立命的根本，进入了“五常”，人们常说“人而无信不知其可也。”（《论语·为政》）做人的基石是要讲究诚信，讲诚信才能得到别人的尊重，否则“人若无信，所言所行皆不足依赖。”（《论

语·卫灵公》）人若没有诚信，诸事做不成，做人，“谨而信”“上好信，则民莫敢不用情”。（《论语·子路》）“信”更多的体现是由里到外，由内到外，言行一致，心口如一，更多的是通过行动体现出来，“信就是表里如一”。（《论语·子路》）人的言行和自己的道德品质相吻合，不能轻易地许诺，君子一言驷马难追，承诺的话就要去兑现。“轻诺必寡信”，（《论老子》第六十三章）不能兑现就不要去承诺，“言必信，行必果”，（《论语·子路》）要说到做到，不能弄虚作假，尤其对于商业从业者更为重要。

市场经济的发展，人们追求利益的最大化，在商业领域出现了一些诚信的问题，如弄虚作假、伪劣产品、坑蒙拐骗、言行不一致等，这种不讲诚信的现象影响比较大，如果不加以改变的话，势必对经济活动带来不可估量的影响。在新的历史时期，讲诚信、树立忠信道德显得十分必要。

我们要清醒意识到商贸活动中需要讲诚信，并能够对诚信进行相应的转化。传统诚信注重“言而有信”“人而无信，不知其可也”，这种“信”更多侧重于家族之间、熟人社会之间的信任与联系，而现代市场经济的活动范围更大，不仅仅是在熟人之间，智能网络的发展，我们更多进入到一个陌生人的生活，这就需要构建全社会的信用关系，依靠良性的制度来使得这种关系能够持续下去。无论是自身还是社会经济活动，都需要信任的活动领域。“言非信不成”，现代社会活动诚信的建立仍然需要人的忠信美德为前提的。总的来说，现代社会是能够把忠信的美德和制度建设结合起来的，因为规则的进行仍然需要人来实现，可喜的是这种建设已经取得了巨大的成效，已经在商贸活动中收到了良好的效果。

俗话说“商贸活动应当以忠信为本”，忠信美德是商业企业和商人的经营活动的根基。忠信美德的实现，说明了做好一件事情，我们要尽心、尽力、用情、专注，实际上，做到这些方面就是“信”。“同仁堂”作为中药方面杰出代表，其杰出之处就在于把“忠信”始终放到第一位，其品牌历经几百年而始终闪闪发光，纵览其发展的历史，就是把“忠信”商业美德有机结合到商贸活动中去，言语和行动结合起来，更是忠信地践行，自然而然形成了响当当的同仁堂中药文化，其原因就在于用心去做每一件事情，原材料绝不弄虚作假，把守诺言、重诚信的行业规范代代相传，从不失信于顾客，在每一剂药物上都做到让顾客百分百的满意。在市场经济活动中，同仁堂不仅传承了“忠信”的职业道德规范，而且将忠信继续践行到商贸活动中去，其成功之处就在于表明了忠信美德的转化践行之路，说明了商业企业是能够把传统的忠信美德思想和现代商业企业活动结合起来的，其发展道路也说明了忠信美德要和外在制度、规则有机融合起来，才能更有效地推进诚信建设。

进行诚信的建设，更需要商业企业和个人能够自觉主动进行修养提升，把忠信美德当作企业和个人主动自觉的行为。忠信不仅是公民道德建设重要内容，而且是经济活动和社会发展的基石。讲究忠信要符合道义，“信近于义”“大人者，言不必信，行不必果，惟义所在。”（《孟子·离娄下》）讲究忠信的人，做事情要遵循道义。香港一洲集团的庄永竞不仅讲忠信，而且主张忠信要符合大的道义，做产品不能有违背道义的事情发生。他要求员工讲忠信，作业坚持信义，讲诚信而不弄虚作假，且乐善好施、乐于助人、救灾恤患，他谈自己的经商之道就在于一个“信”字，言而有信，信必昭著，言而无信，步履维艰，寸步难行。

庄总的经商之道成功诠释了传统美德“忠信”在现代企业中生动体现，把忠信放到了道义之下，更多的是依赖于自己内心崇高的道德觉悟，依靠自己的自律去做这件事情，“诚者，天之道也，诚之者，人之道也。”（《礼记·中庸》）古代社会“忠信”是为人处世的根本，现代依然需要这种精神，尤其在面对诱惑的时候，作为商业企业和商人更多的是依靠自己内心的道德觉悟和选择。在商贸活动中，商业企业和商人要想获得更好的发展，是需要得到顾客的信赖和支持，而做好这一切的基础就是商人和企业要首先做到、做好“忠信”，成为自己的自觉行动。“自诚明，谓之性，自明诚，谓之教，诚则明矣，明则诚矣。”（《礼记·中庸》）商业企业和商人做到讲忠信，才能够使得企业注重信誉。青岛啤酒，一个响亮亮的品牌，在国内外家喻户晓，产品销售在国内外各个地区，其崛起之道就在于要先自我做到讲忠信。例如：当时在生产啤酒的时候，因为员工的操作不当，机器上的一个小物件落入到瓶子中，后来被发现曝光，一度影响了产品的销售，名誉受到损失。为此工厂要求员工要从自身来进忠信，唤醒自我内心的忠信灵魂，唤醒自我内心的忠信本性，生产产品先从自我做起，通过培养员工的忠信意识，提升产品的质量，此类问题才得以杜绝。

商业企业提升了信誉，商人的地位也会得以提升，这就产生好的良性循环，激发出商人们的职业行动自觉，唤醒出商人们主动为群众服务的良知，忠信开展商业活动，踏踏实实地做好产品已经成了较多商人们的自觉选择。“董延贺，原籍平定人，后迁到寿阳城中，以贸易为业，朴质不与人争，凡是贸易所得，悉以济人。”（《续修寿阳县志》卷八）“盐与他贾异名虽两交，而实关三尺”就是说

明了传统商人们的职业自尊，在商贸活动中商人们把“忠信”看得比自己的生命还要重要。为了确保商业企业的信誉和产品的质量关，商业企业和商人们带头讲诚信，从自我做起，因为“信”就是为人处世、经商活动的中心，更是一种诚实不欺的商业美德，商人们做事情和进行交易活动，要做到言行一致，反对虚伪和弄虚作假，要诚实不欺，正是在这样的感召下，商业企业和商人才会生产出质量过硬的产品，这样才能杜绝假冒伪劣产品。相反，如果一些企业和商人不讲忠信，“人而无信”，将会生产出假冒伪劣产品，势必给广大的顾客带来严重的侵害，但是一旦失去了信誉，势必损失更大。商业企业和商人们要“以信服人”，推己及人，这种模式是建立在忠信的前提之上的，如盐商华联锋到茅台镇，成立了成义茅台酒厂。酿好酒，需要好水，首先修堤坝，取好水，同时，选用好的高粱，并从外地引进了优质的高粱品种，在九月九重阳节那天开始酿制酒糟，形成酒之后存放三年才得以上市，其酒醇厚、绵软、味长，并用小白瓷瓶进行包装，贴上飞天仙女，顿时惹人喜爱，众人竞相购买。

通过对于传统忠信的继承和弘扬，我们可以看到现代意义上的“忠信”和传统意义上的信还是有所不同的，现代意义上的“信”更注重信用多维度。其一，“忠信”是指一种的信用关系，更多的是商业企业和商人们良好的诚信道德品质，是为人经商的前提。其二，从商贸活动的角度来分析，“忠信”又具有交易活动的经济关系，含有信用在里面，逾期的话要承担相应的经济制裁，而这个方面古代是缺失的，古代没有完整意义上的经济惩罚。其三，从规则的角度来分析，谈诚信就是甲乙双方之间的权利与义务关系，按照规定享受制度框架范围内的权利与义务关系，如果一方违反了将会承担相应的制度后果。实际上，诚信不仅是道德问题，还是一个法律问题，而这个方面在古代是缺失的。

在社会主义经济活动中，商业企业和商人们应当发扬“守信重诺、诚实守真”的思想，提倡信义经商，注重忠信，让“以义为上”“忠信经商”成为商贸活动的基本价值原则，让商业企业和商人们依靠自由平等来签订协议，以诚待人、以信交人、以忠服人，并能够推己及人，奉行“投之以桃报之以李”的互利交换道德规范，依靠诚信来约束双方的交易行为。唯有如此，商业企业和商人们才能够在商贸活动中寻找到自己合法的利益，才能够获得可持续的发展，才能在商贸活动中不断深化自我。

（四）继承“持事以敬、苦中取乐”的敬业精神，提倡乐业奉献

“持事以敬、苦中取乐”的敬业精神是先秦时期商贸活动中重要的职业道德规范，也是传统的道德的美德，更是商业从业者及商人从业的职业操守。

敬业就是对自己所从事的职业尽心尽责，忠信于自己的职业，努力做好自己的本职工作，“古者四民异业而同道，其尽心焉，一也。士以修治，农以具养，工以利器，商以通货，各就其资之所近，力之所及者而业焉，以求尽其心。”（《王阳明全集·节庵万公墓表》）古代有以尽其心，作为行业人员要信仰和忠于自己的职业，勤奋进取，古有“新安奢而山右俭，然新安人衣食亦甚菲啬，薄糜盐齑，欣然一饱。”敬业强调的是对事业尊敬的态度，要能够吃苦，专心专注地去做一件事情，并还有认真对待每一件事情的含义，孔子有“执事敬”的说法，就是要认真地去做商贸活动。“居之无倦，行之以忠”，做事情不能有丝毫的懈怠，要认真地去对待。

“居处恭，执事敬，与人忠。”（《论语·子路》）敬业就是对待自己所从事的职业活动要专心，要尽职尽责。在从事职业活动的时候，一是要用心用情。对待商贸活动要兢兢业业、勤勤恳恳、尽职尽责、用心专一，对待买者不能弄虚作假，更不能用低劣的物品来充当好的产品，能够“主一之谓敬，无适之谓一。”（《北溪字义·敬》）二是要专心专一，对待职业活动要“执事敬”，不能以质量较差的物品来对待买者，要做到从事商贸活动要用心细致。三是要专心勤奋进取，就是对待职业活动要一心一意，投入真情，勤奋认真。

“持事以敬、苦中取乐”的敬业精神是古代商业美德的重要组成部分，更是一种对待职业工作认真、细致的敬业精神，是一个商业企业文化有机构成部分。在商业企业活动中，持事以敬的基本准则就是在商贸活动中要认真细致、精益求精、用心做事，如果没有了“执事敬”的敬业精神，就谈不上勤奋进取，简而言之，在商贸活动中，如果商人们没有专心、认真、细致，就会缺乏相应的进取精神和职业责任感，在商贸活动中，一些商人弄虚作假，以次充好，欺骗顾客，说到底就是缺乏“苦中取乐”的敬业精神。在交换活动中，如果商业经营者和商人缺乏起码的敬业、乐业精神，就会投机取巧，弄虚作假，势必使得商贸活动的长远利益受到侵害。古有“居之无倦，行之以忠。”（《论语·颜渊》）尽心为忠，何谓敬？“敬者何？不怠慢，不放荡之谓也。”（《朱子语录》）

商人范蠡主张在商贸活动中，要认真做事，不能暴躁，不能“积货逐利”，人发怒暴躁容易影响顾客，使得商贸活动的交易量减少。作为商业从业人员，还要精通业务，技能精湛，不能打肿脸充当胖子。据说一个商人开了药店，一个顾客前来抓药，药方上有“黄连、牛膝、鸡脚爪”，碰巧老板外出，伙计从药斗中称了黄连，而不知牛膝和鸡脚爪为何物？于是望文生义，认为牛膝就是耕牛的腿膝盖，于是把牛的一条腿割了下来，认为鸡脚爪就是鸡的脚爪，于是把母鸡的脚爪割下来，弄巧成拙。牛膝是植物的根，鸡脚爪就是翻白草。伙计不熟练抓药方面的业务，不仅使得病人的病得不到医治，而且使得自己的财产受到损失。商人吕不韦，主持编写相关的书籍，曾经在城门上贴出告示，宣称有谁能够指出其中的错误，增加或者减少一个字者，奖励千金。这也是古代商人重视职业活动和讲究诚信的案例，对待业务能力要求提高，也可以说得上是我国古代最早进行广告宣传的商人。

在“持事以敬、苦中取乐”的敬业精神的感召下，商人们专心研究业务，勤奋进取、勤奋努力、勤劳节俭、尽心尽职地研究业务，做好商贸活动，用自己的辛勤劳动和汗水来回报社会和国家，如温州周大虎，勤劳踏实，所兴办的企业几乎濒临破产，但是周大虎忠诚待人、勤奋上进、钻研业务，依靠提升科研促使产品质量提高，从困难重重、举步维艰的小厂子一跃成为质量好、效益好的企业。对于创业的艰辛，道路的坎坷，周总深有体会，每当回忆那落魄困难的岁月，都会湿润眼眶，留下泪水，为了求得成功，赢得顾客的信任我们走得太难了。委屈在简陋的厂房中，每天工作十几个小时。成功的背后、荣誉的获得是付出的汗水，这只是众多商业从业者中的一员，他们背后的感人故事太多，他们成功的背后是公而忘私的奋斗精神，需要努力去奉献，把竭诚为民的精神灌输到工作活动中去，成功的商业企业和商人们的背后是乐于奉献、勤俭节约的精神。

在商贸活动中，商业企业者和从业人员要忠信于自己的商贸企

业，要奉献、敬业于自己的企业，认真做事、悉心对待，寻求商贸活动的发展规律，一些商业及从业人员在取得巨大的成功后，“持事以敬、勤劳节俭”的美德正是他们所极力举荐和效仿的。商人卜式辛勤牧羊，终归成就富甲一方的商贾，其曰：“非独羊也，治民亦犹是矣。以时起居，恶者辄去，毋令败群。”（《汉书·卜式传》）商贸活动就像治理社会一样，应当认真对待，还应遵循其内在的规律，按照其内在的规律和规则办事，不能想当然和坑害顾客，要有敬业、乐业之心。《史记·货殖列传》记载：“任氏折节为俭，力田畜。”商人任氏在创业的过程中，和随从力求节俭，风餐露宿，带领商人团队不断进取，“公事不必则身不得饮酒食肉。”鲁人，曹氏，“俯，有拾，仰有取。”在长途贩卖的过程中，吃饭的时候很是节俭，不浪费食物。有诚贾“南到九江，东到齐与鲁，腊月来归，不敢自言苦。”在长途货物的贩运过程中，其中的艰辛有时候只有商人自己体会的最深，实际上，只有具有“持事以敬、苦中取乐”的敬业精神商人，才能对待自己商贸活动用心和专心，才能真正体会到其中的艰辛，才会用心地把商贸活动做好，商人师史“数过邑不入”，只有达到这样的境界，才会真正地把商贸活动做好。节俭、负责、认真都是商人创业过程中的应有行为，只有商人具有了节俭进取的敬业精神，才能顺利克服重重困难，才能使得商业活动得到实现。同时，在创业过程中，不能贪图享乐，还应勤奋节俭。“万金油”著名人物胡文虎，在商业成功之后，依旧每天钻研商业方面的业务，依然生活朴素和节俭，餐桌上每餐放的不是荤菜，而是咸菜和馒头，有时候早餐就用酸菜汤凑合，穿衣服不穿名牌而是买一些廉价的衣服，生活上对自己节俭，但是对公益事业却慷慨解囊，投入大量的资金到公益事业上去。

作为商人或者企业经营者，要使得自己的商业利润增加，既要践行“持事以敬、苦中取乐”的乐业精神，又要具有勤奋节俭、勇于进取的敬业精神，在商业活动中该节俭就节俭，该利用就利用，既要遵循商业活动的规律，又能够奋力进取、精益求精、忠诚为民。唯有如此，在商业活动中专心、务实的精神在商人们身上得到了集中体现。同时，市场贸易规模的扩大和有序的竞争也促使了商人们紧跟贸易活动的发展和市场的需求，这也进一步促使了商人们敬业、专注精神的提升。

（五）继承“公正无私、天下为公”的公私观，提倡竭诚为民

在商贸活动中，“公正无私、天下为公”的公私观，是指作为企业参与者和经营者能够正确处理好个人利益与国家利益、自我企业利益与社会利益之间的关系，并且，“公正无私、天下为公”的公私观也是指导商人经商与交往活动的道德遵循。

公就是“大道之行也，天下为公，选贤与能，讲信修睦。”天下大同，是人们的理想向往，在商贸活动中的商人，公就是能够超脱自我的私欲，追求国家范围内正义与社会的公平。私就是表现为人的私心与贪欲，以公灭私不仅是古代志士仁人生活中的实然追求，而且是指导商人经商活动的道德准则。

“公私之交，存之本也”。在社会经济活动中，人们的交往活动和处事，都是最终为天下百姓，而并非为私之贪欲也。

首先，心中要有为国家利益着想的打算。《申子·大体》曰：“凡因之道，身与公无事，无事而天下自极也。”实际上，公私之辩是商人经商离不开的话题。程颐说：“义与利，是个公与私也。”公

私之辩中的“私”更多表现的是私心、私利，而“公”更多呈现的是天下之利，以公灭私一直是传统伦理道德文化的核心思想，也是儒商经商活动的指导性原则，更是商贸活动所要面对的话题。

其次，具有天下为公的心态，关键在于其内心要有仁爱、奉献之心。“至公无私，大同天我，虽渺然一身，在天地之间，而与天地无以异也。”（《河南程氏粹言》卷一）这种一心为公是人的内心所意蕴和固有的，“仁义根于人心之固有，天理之公也，利心生于物我之相形，人欲之私也。”（《四书章句集注·孟子集注》）

最后，“言圣人不以公义废私恩，亦不以私恩害公义。”（《四书章句集注》）在大的方面来说，公私问题是公义与私利之间的关系问题，也指君臣之道，维护公道的人来说，“上不忠乎君”，在小的方面来说，就是加强自己的修养，“能够以公义胜私欲”“为公者必利，不为公者必害。”（《韩非子·外储说右上》）从个体来说，如何达到公的境界？“公于己者公于人，未有不公于己而能公于人也。”（《通书·公明第二十一》）对于商人来说，具有忠信、仁爱之心就是公，贪心、弄虚作假、欺诈就是私，这种以公灭私，不仅是在传统社会中占据着有利的地位，而且对于商人的经商活动来说也具有重要的影响。

以公贬私的公私观产生于农耕经济为主导的农业社会，是为农耕文明服务的，这种以公崇私的公私观对于稳定社会与调节人与人之间关系具有重要的作用，并对培养人的奉献、责任意识发挥了有力的作用，出现了如白圭、子贡、范蠡等忧国忧民、为民众服务而不惜牺牲个人利益的义商。由于以公贬私的公私观的价值观产生于农耕社会，更多体现为家庭关系本位的伦理道德，在这种浓重的家庭关系本位伦理氛围中，势必缺乏相应的制度性保障，有时候正义精神得不到呈现，在小农经济浓厚的氛围中，造成民众过分重视人伦关系，在当今的经济活动中，需要对以公崇私的公私观念进行合理性的转换，确立正确的公私观念，既要发扬国家利益至上的传统，又要兼顾好个人正当的合理的利益。《左传·僖公二十六年》曰："齐师侵我西鄙，讨是二盟也。夏，齐孝公伐我北鄙，卫人伐齐，洮之盟故也，公使展喜犒师，使受命于展禽。"子贡，作为儒商的代表人物，在商贸活动中以国家利益为重，时刻考虑着社会整体利益，《史记》曰："子贡一出，鲁国存，齐国乱，吴国破，晋国强，越国称霸。"子贡在经商活动中，周旋于国家之间，处处考虑着国家整体利益，这种重视大局、整体利益至上的公私观也是当今商贸活动所提倡的。

近代作为爱国商人，不能不提卢作孚，在抗战时期留下了浓厚的一笔，其主要经营船运业，采取了古代商人的"人弃我取、避实就虚"的运行策略，先行开辟了船运航线，收获颇丰，依靠其薄利的理念，逐渐冲破了国外资本垄断川江航运的局面，为民族企业的发展做出了典范，从而赢得了"船王"的美誉。从宜昌到重庆，转运抗日急需物资，牺牲了多名船员，支持了抗战事业，这种舍小家为国家利益的行为被人们所称道。梁漱溟曾经说过："卢先生以公为天下，公而忘私，为而不有，庶几乎可此古之贤哲焉。"商人叶友才，创办华生风扇厂，抵住了外国资本的侵蚀，产品销路极好，兴办厂子的目的不是为了赢取利润而是实业救国，在"提倡国货、抵御洋货"的声援下，更使得其声誉大增。爱国商人刘国均兴办纱厂，当时为常州比较大的染织厂，在染织厂的发展壮大中，逐渐认识到厂子的振兴需要在党的领导下，将获取的利润支援抗战事业，为此

在家中对联书写到“人老心不老，永远跟党走”，在捐资支援抗战中诠释了民族企业家的爱国情怀。

以公崇私的公私观源于天下为公的道德认知，源于商人内心对国家的深爱之情，虽从事于商贸活动，但是时刻关心国家发展与命运，当遇到外敌入侵和干涉的时候，奋起反抗，联合起来坚决捍卫国家的利益。从抗战时期到建国时期，这些爱国商人联合起来，捐款捐物，捐出大米、衣服等，出钱出力，数额达数亿元，如商人宋则久，为了支持国货，不仅呼吁民众购买国货，而且创办杂志，如《商品月刊》来表明使用国货的益处，其工厂发展与壮大的口号就是“愿牺牲自我的小利，以国家利益为第一位，舍小家为大家。”正是在这样爱国情感的激励下，众人纷纷加入到购买国货的行列之中，商人们对国家的热爱正是来源于“公正无私、天下为公”的公私观，正是对传统天下为公的弘扬与继承。如商人李嘉诚，在经商成名之后，捐款支援家乡的教育事业，支持建设中学大学，还为潮安等地兴建医院，为困难的人们慷慨解囊，当有人问起事情的时候，他说道：“这是一个有良知的中国人应该做的事情。”朴素的话语道出了爱国商人的家国情怀，表达了义商对民众的深厚之情。再如商人霍英东，创业成功富裕之后，捐款捐物为国家尽自己的微薄之力，并在学校成立教育基金会，每每有人问起为何这么慷慨支持国家的建设，他说道，“尽自己的力量为国家做事情，就像大河中的一个水滴。”还有商人曾宪梓，创业有名之后，捐款兴建嘉应大学，成立教育基金会，希望以自己的微薄之力来帮助国家的建设与发展，朴实的话语道出了爱国商人对国家的涓涓爱国之情。

发扬“公正无私、天下为公”的公私观，坚持国家利益至上，以集体主义为行动价值导向，因为集体主义实际上就是涵盖了个人合理的正当的利益，对于过分追求个人利益，弄虚作假，也是具有正确公私观的商人所谴责的，对于商人的商贸活动来说，商人的追求也是具有层次性的，初期的时候不仅要公私兼顾，而且要逐步公而忘私，再提升到大公无私的境界。在经济活动中，义商以自己实实在在的行动彰显了工厂的爱国情感，并在一些产品赋予了爱国情感的符号与色彩，如近代有的产品商标命名为“中华牌”“醒狮牌”等，提出购买国货，这种做法大大激励了民众的爱国意识，保护了民族企业的地位，有力打击了外国企业侵入的嚣张气焰。

当今现代企业的发展中，以天下为公的公私观得到了弘扬。京东是一家有名的电商企业，主要涉及电商等领域。在20世纪90年代，刘强东艰难创业，在中关村靠连锁店起家，而后逐步向电商转变，利用物联信息技术的支撑，拉动了产业的发展。并拿出资金，用于教育、养老、残疾等方面，筹建了公益物资捐助平台，用于资助困难人士和残疾家庭，彰显了现代成功人士以社会利益为重的感恩情怀，边远山区的困难家庭和残疾家庭可以收到由京东公益平台捐助的物资，尤其京东的“健康关心行动”，可以帮助和缓解弱势群体的药品使用现实难题，大大缓解了看病就医的痛点，并可以此为契机，唤醒其他企业和爱心人士对困难家庭的帮助和捐助。

继承传统的“公正无私、天下为公”的公私观，让现代企业树立起以国家社会利益为重的公私观，古代的崇公灭私的公私观就是一种值得倡导的价值观，在现代企业的发展中，商贸活动的参与者应当积极吸收其合理的因素，在从业者和商业活动参与者之间大力倡导公而忘私、大公无私的理念，摒弃弄虚作假、以次充好的行为，

时时刻刻坚持把人民群众的利益放到第一位观念，提倡集体主义的价值导向，追求集体的、社会的整体利益。实际上，社会主义道德所倡导的集体主义追求，不仅是指导商人们经商活动和交易活动的道德规范，而且是人们所应当遵循的道德原则，更是包含了先秦商业伦理道德中的积极合理因素。

（六）继承家庭忠信教育的习惯

先秦的家族（家庭）整体经营的思想，其核心之处是强调家族经营商业活动，家长是资金的所有者，同时又是交换活动的参加者，是综合两个身份于一体的，其家庭的成员也参加到商业活动中去。

古代家族中进行忠信教育是从忠信内涵及社会作用来展开的。

首先，家族成员要讲忠信。《说文解字》上："诚，信也。信，诚也。"《论语·学而》曰："主忠信。"《论语·卫灵公》曰："言忠信，行笃敬。"忠信是人立身之本，不仅对自己要忠信，而且在交往活动中更要讲究忠信。《论语·学而》曰："吾日三省吾身，为人谋而不忠乎？与朋友交而不信乎？传不习乎？"《论语·述而》曰："文、行、忠、信。"《礼记·礼器》曰："忠信，礼之本也，义理，礼之问也。"《礼记·佰行》曰："儒有不宝金玉，而忠信以为宝，不诉土地，立义以为土地，不祈多积，多文以为富。"《大学》曰："君子有大道，必忠信，以得之骄泰以失之。"在家庭活动中，相互影响，可以从家人的相互信任中获得忠信感，在家庭中取得忠信情感也是其他地方所无法代替的，这种来自家庭中的忠信意识，更是产生商贸活动诚信的源泉。《史记·货殖列传》记载白圭"能薄饮食，节衣服，与用事僮仆同苦乐。"诚贾白圭不仅自己带头讲忠信经商，而且把这种忠信意识灌输到家族成员之中，使之家族成员在活动中具有忠信习惯。“晋俗之俭，自古而然，太原、汾州数大县，以商贾致富，颇有流淤奢靡，变其本俗者，余则俭啬，仍有唐魏之风，五台地本贫瘠，其俗之俭为尤甚……商贾隆冬走山谷，布袄之外，袭老羊皮马褂。所以然者，正以其贫也，响使台公民亦贸迁远方如诸大县力能致富，则风气之变，亦已久矣。”（《五台新志》卷二 风俗）勤劳节俭亦是商人家庭教育的重要内容。

其次，在商贸活动中讲忠信，以信待人。《荀子·荣辱》曰：“与人善言，暖于布帛，伤人以言，深于矛戟。”商贷活动正如人际活动一样，要讲忠信。《墨子·非乐上》曰：“利人乎，既为。”“以责人之心责己，则寡也。以恕己之心恕人，则全交。”《省心录》只有人与人讲和与信，才能够赢得他人的信任。“和以处众，宽以接下，恕以待人，君子人也。”还有师史，带领家族人员，共同奋斗，商人家庭注重忠信教育，《太平广记》中就有家庭重视忠信教育的故事，北宋时期，陈尧咨选好骏马，后买一匹骏马，当时骏马性子暴躁，于是将其卖掉，后其父指导此事，于是追问是否告诉买者此马性子暴躁，马夫言道要是那样，人家还会购买？后来其父责骂陈尧咨，言道不能欺骗买主，后来陈尧咨意识到自己的错误，又找到买主，把马退回，这则忠信故事就说明了商人家庭比较注重和与信理念的培育和实践，“见贤思齐，见不贤而内省也。”（《论语·里仁》）进而达到和与信。和与信就是家庭和社会活动有序运转的根基，也是人格完善的基石。

最后，“和与信”不仅体现着在家族成员之间的友爱和谐，而且在对外交往活动中，尤其在商贸活动中也得到了体现。和谐、和

睦能够使得社会活动持久进行下去，商贸活动讲究和气生财、忠信经商、仁爱相处，商贸活动离不开商人们和家庭中的和与信的熏陶，实际上，人的和与信首先是来自家庭中的教育和影响。《孟子·公孙丑》曰："取诸人以为善，是与人为善者，故君子莫大乎与人为善。""乐与人善，既只与片言，皆为良药。"家庭教育子女要与人友善，这样才能在商贸活动中做到诚信经商，和气求利，不取昧心财物。《登楼杂记》也记载有商人家庭教育子女。讲忠信的案例，并且更侧重于身体力行，徽商汪拱乾经商富裕之后，为了教育子女讲忠信，把给邻居借款的凭条，"尽召其人来而焚之"，大家皆能称赞。这种人际交往的活动模式，靠的是心中皆有他人，如果是一心为顾客着想的商人，必然是能够给予顾客提供方便和信任的商人，必然是取得顾客信任的商人，持续下来就会成为商贸活动中有信任感和亲和力的商人。在商贸活动中，这种依靠家族忠信经商的模式，有助于商业规模的发展壮大。

在家庭中注重忠信教育的良好传统被很好地传承下来，不仅体现在商贸活动中，而且商人家庭代代相传，并以此教育子女，秉承为顾客着想的忠信经商理念，把忠信、节俭作为商贸活动的道德遵循保持下来。"凡创业者须要恢宏度量，阔大规模，以开财之源，若守成，则惟量入为出，谨小慎微，以节财源而已。莫因用繁而不位，莫因费小而不借，须知花钱易，补空难，零星耗散，似觉无多，而千零合总，算法不饶，甚是可危。以吾父毕世勤劳，所获财利不少，尔时用度，较今尚为节俭。"（代县《崔氏家乘》）安徽商人汪某"历经吴越闽海诸地，以诚信交人，同事无少欺隐藏，后来病亡，留作遗属诸弟，谆谆忠厚积善为训。"祁县商人"勿恃富豪而欺穷人，善人则亲止，恶人则远避之，不可口是心非，须要隐恶扬善，众善奉行，常有吉神拥护，近报则在自己，远报则在儿孙。”（祁县富商《梁氏家训》）以良好的道德风范来对待周边的人，心中要时刻怀有仁爱、忠信之心，可以做到“君子成人之美，不成人之恶”，与人友善，怀有善良、忠信之心，这也是做好商贸活动的重要前提。

由血缘联系演变为忠信伦理为纽带的维系，时至今日，具有浓厚色彩血缘关系的家族整体经营模式仍然在阐述它的重要作用，其原因就在于数千年的演进中，将商贸活动参与者不断地予以同化，酷似变成了“一家人”，信任的范围和广度在逐步加深，在数千年的演进过程中，这种家族文化被固化从而得以强化，就是在民间，即使家族企业的参与者没有血缘关系、业缘关系等，但可以依靠忠信而牢固确立下来，以此来结成稳定的共同体，如刘关张依靠忠信而结成义弟，家族商贸活动逐渐由依靠血缘关系而转变为依靠忠信来联系，司马光言道：“夫以四海之广，岂非以礼之纪纲哉？”家族企业至今仍在发挥他的作用，不仅在国内有着一定的影响，而且在华人企业也有着相应的作用。戴约在东亚模式写道：“哈佛的研究报告发现，在东亚的商贸企业活动中，61.4%是企业的创始人，7.89%是这些创始人的直系亲属，12%是这些创始人的其他亲属，只有 18.8%与创始家族无亲属关系。”在商贸活动中，家族的主要成员或者近亲戚在商业企业中负责主要的管理事宜，由他们来担任相关部门的主要管理工作。例如：荣氏集团，荣宗敬、荣德生等人，其家族中多数成员参与到企业管理活动中来，1896 年，在上海办厂创业开始，其涉及多个行业，享有“面粉、棉纱、实业巨子”的声誉。集团从开始到兴盛，来源于家族成员之间的密切协作，成就于家族

成员之间的勤劳节俭，更植深于成员之间的密切合作，正是在勤劳进取、敬业乐业、密切合作的传统商业美德的感召下，荣氏集团从困境中奋起而壮大。邓小平在接见荣毅仁等荣氏后代曾言道："荣氏家族对发展我国的民族产业做出了很大的贡献。"更有以忠信为经商规范的何贤，何氏父子，他们都是家族企业成功的典范。

在市场经济条件下，这种家族整体经营的模式在我国各地迅速扩展，开花结果，其中重要的因素就是家族成员共同筹集资金，执行力强，依靠忠信把大家维系起来，这种经营方式积累了资金，促进商贸企业的发展和进步，并在整体经营中协调好了家族成员之间的亲情关系，成员之间具有亲和力，可以有效提升企业的生产效率，促进经济的发展。但是由于忠信维系成长起来的家族企业，超越了血缘亲情的边框，也要认识到这一套系统都是基于家族成员相互信任的前提之上的，还是带有古代社会中人文思想的一些痕迹。很明显，在这样的企业中，虽然管理者之间亲情浓厚，执行效率比较高，但是更多的是依靠上一层管理者的信任和忠信亲情，而缺乏忠实于制度的意识与习惯，这种运转的形态在家族企业中比较突出。但是在国际化的现代企业活动中，管理者之间的相互信任更多的应是体现在遵循制度之上的，因为制度是对道德的规范化与体系化的升华，大家主动去遵循制度并在行动上形成制度意识，基于大家共识而达成的制度对于商贸活动和企业发展才真正具有适应性和发展性。在这样的条件下，可以减少家族企业中对亲情的过分依赖，处理好成员间的亲情关系，对于成员之间信任度的识别可以依靠制度来进行相应的调整，这种依靠制度来进行亲属关系的排序，势必可以减少相应的管理成本。

对家族式企业的发展，一方面，应继承先秦商业道德中的精华思想，提高工商业者的道德品质；另一方面，应注意消除家族整体经营模式中的消极思想，以做到扬长避短。传统价值企业是建立在成员相互忠信为前提下的，这种发展模式相比较西方社会而言，缺乏遵守契约的习惯与制度意识，并没有相应的政府信誉来营造商贸活动的氛围，这就使得企业发展效率势必低于市场经济发展的期望值。由此，在市场经济条件下，家族企业势必要由亲情尊卑状态向现代化国际企业转变，由家庭伦理忠信逐步向现代企业制度遵循来转变，一旦企业成员具有制度意识，主动去遵守和执行企业制度，现代企业制度确立起来，可以有效增强企业的活力，可以扩大企业社会资本的规模。

结语

在市场经济条件下，许多商业参与者和企业家继承和弘扬了古代商业道德，深刻地领会了古代商业道德的实质和内涵，并将其运用到商贸活动中去，在企业管理和商贸活动中彰显了爱岗敬业、诚实守信、淡泊名利、无私奉献的美德，利用较高的产品质量与良好的信誉，赢得了顾客的信任，占据了市场的有利地位，加快了企业贸易活动的发展，繁荣了市场，推动了城乡经济的发展，取得了良好的社会效益与经济效益，为社会主义经济的发展，为人民生活水平的提高，为国家繁荣与富强做出了有力的贡献。

但同时，也应看到，在当前中国，随着市场经济的发展，随着改革的深入，一些企业家与商业工作者被金钱至上的价值观所腐蚀，忘记了传统的优秀道德文化思想，在商业活动中不遵守市场交换的规律，采取了违背市场道义的方式来谋取不义之财，毫不考虑国家与人民的利益。他们丑恶的行径主要有：假冒伪劣、欺骗欺诈、违反合同等，如："假冒伪劣的种子、化肥、农药、农具一再坑害农民，西南某市就发生了15起类似的事件，其造成数百亩稻谷、玉米、西瓜绝收，经济损失达数十万元，并且冲击了优质产品的生产与销售。”[1]再如：“90年代在山西朔州就爆发了震惊全国的假酒案，这场悲剧使27人死亡，数百人中毒。”更有一些商业者违反合同，视签订的合同为儿戏。“据主管部门的统计，目前全国合同交易只占总交易量的30%左右。国家统计局在检查了150万家企业的合同签订的情况，发现不合格合同有34.9万份，涉及金额达291亿元。”[2]这些行为严重地扰乱了市场的交易秩序，损害了消费者、企业、国家的利益，败坏了社会主义商业道德，在当今社会经济发展中，弘扬传统商业美德，抓好商业道德教育就显得尤为必要了。

（一）务必重视商人伦理精神的培育

先秦商业美德是现代职业道德的前提，先秦商人职业美德与商人具有伦理精神是在古代社会环境中孕育的，是商人伦理精神的创始阶段，是商人职业活动道德的前提。先秦时期不仅是古代商业活动发展的重要时期，而且为商人伦理精神发展奠定了重要的前提。可以说，以后商人伦理精神都是在先秦时期基础上发展而来的，它是商人伦理精神的源头，在商人伦理精神的感召下，出现了一大批爱国奉献、务实为民的儒商。儒商与商人道德是相辅相成的，古代儒商就是在古代商人伦理精神的氛围中形成的，如忠信经商、以义制利等，“王三贵商人，性豁达，轻财好义，先世以贾赵家，三贵益宏其业，救荒济分，孜孜不倦，赖以举火者，尝数百家。”（《潞城县志》卷四）“王重新商人，生有计智，去为贾不数年资雄邑中矣，明末寇乱，重新以金七千筑郭峪……庚辰大饥，悉发其家粟以赈饥者，顺治甲申贼刘忠攻

[1] 杨越：《假酒不能再肆虐》，《中国市场》，1998年第3期。

[2] 潘楚：《骗你先商量——合同欺诈伎俩曝光》，《中国市场》，1998年第8期。

阳城，垂陷，重新出金募死士，驰报大兵以援，师至围乃解。”（《阳城县志》卷十一人物）这些方面都是与商人伦理精神密切相关的。其次，商业美德与商人精神密切相关。商业美德是指在商贸活动中处理买者与卖者、企业与企业之间活动关系的道德规范与活动要求，而商人精神不单单是一套道德规范体系，如诚信经营、爱岗敬业等，而是聚焦于商人的伦理精神的阐释，即是论述现在商人应当具有什么样的伦理精神，未来应当向着什么样的伦理精神去努力，二者活动的指向是不同的。而实际上，二者也是有着密切联系的。在商贸活动中，商人只有牢固树立了诚信为本、以义制利的商业道德规范，处理好商贸活动中各种关系，才能够做到合乎于社会的规范，提升自己的伦理精神，而反过来，商人伦理精神的提升，也有助于商人主动去遵守商业规范，主动去做事，二者在一些方面具有共同性，如都要以忠信为根基，这些方面又是相通的，他们的存在就是从不同方面为商人商贸活动提供了行动的依据和遵循。从某种程度上来说，古代一批又一批的儒商就是先秦商人伦理精神的践行者和传播者，他们一边参与经商活动，另一边诚信活动。为国奉献，尤其为国奉献、艰苦创业、敬业乐业、忠信经商、以义治商等精神还是值得提倡的，这些方面都是与商人有关联的，从一定意义上来说，商人伦理精神有一个发生孕育的阶段，诚贾也是有一个发生孕育的过程。“思想、观念、意识的生产最初是直接与人们的物质活动，与人们的物质交往，与现实生活的语言交织在一起的。人们的想象、思维、精神交往在这里还是人们物质行动的直接产物。”[1]物质决定精神，精神往往是物质的反映，物质与精神

[1] 《马克思恩格斯选集》第一卷，北京：北京人民出版社，2012年第151页。

是相互依存的、互为条件、不可分割的。精神是社会物质生活的折射与反映。商人精神不仅是当时物质生活的反映，而且可以对商业活动施加影响，使得商贸活动按照正常的轨道来前进。回顾历史，对于促进商业活动的顺利进行与社会经济发展的伦理道德、制度、政策、商业理论等，这些有利的伦理道德、商业理论等会被民众所吸收，而不利的或者阻碍的方面则是会成为经验被人们所借鉴，与此相联系的，商业活动中经济理论或者方案选择势必与商人自身的素养、商人精神密切相关，甚至有的时候，精神的力量往往是巨大的。海尔集团曾经是一个困难重重的企业，一步步成为国际著名的企业，除了注重产品的质量之外，还与企业的凝聚力紧紧相连，这凝聚力就在于企业的参与者知难而进的进取精神、敢于吃苦的创业精神、密切合作的奉献精神等，正确的商人精神有利于商贸活动的顺利开展。

（二）务必抓好商业道德教育

商业道德是从事商业活动中的经营者所要遵循的道德规范，而商人伦理精神不仅是一套行动的道德原则与依据，更在于当事人精神方面的叙事。在商贸活动中，商人只要带头讲道德，才能不断提高道德素养，主动按照商业规范来进行经商活动，才能树立起商人的伦理精神。在经商活动中，商业道德规范与商人伦理精神有着密切的联系，商人主动地去遵循了商业伦理规范，商人伦理精神才可以建构起来，反过来，商人伦理建设一旦在商人内心建构起来，才能够自己去按照商业道德规范来行事。

从长远的利益与发展看，商业活动的参与者，尤其是商业经营者的道德水平至关重要。如果交易的双方（尤其是商业经营者）都注重伦理道德，就会减少许多不可预测的因素干扰，就会减少许多不必要的开支，从而使商业活动能顺利地进行。企业家及商业工作者的道德品质好坏，商业工作者思想素质的高低，关系到商业活动能否顺利地进行，关系到社会主义道德建设的水平。因此，抓好企业家及商业工作者的道德教育至关重要。企业从弱到强，从小到大，从不知名到著名，靠的就是企业员工的齐心协力，靠的就是无私奉献的创业精神、齐心攻关的协作精神、锐意创新的探索精神。

对于企业家与商业经营者的商业道德教育显得十分必要。第一，应加强传统商业道德的教育。因为传统商业道德是古代伦理文化中的精华部分。在社会主义市场经济条件下，商业经营者应学习和继承传统商业道德思想中社会主义商业道德发展的部分，把其中的精华部分转化为商业工作者的内在品质，内化为商业者的个人品质，使之沉淀在商业工作者的心中，势必可以使企业家与商业参与者在活动中升华自己的道德品格，塑造出新时代的商人伦理精神。

第二，要重视物质交换活动，也要重视精神交往活动。在商贸活动中，商人经商交往也是商人伦理精神的展现。商品交换活动即是物质形态的展现，在产品交换之后，商人的话语、服务、情感等会给顾客以无形的影响，这就是精神交往。物质产品是精神交往的前提，精神交往活动是物质产品的体现，更是引导和确保物质产品活动顺利开展的导向。精神交往是商人伦理精神的呈现，在商品交易活动中可以充分体现出商人的风采，是社会给予商人服务所进行的评价，它的主要依据就是来源于商人的服务与商人的伦理精神，精神交往更多的是依照别人评判来表现出来。三是应树立大局意识。商业道德的教育，不仅要求企业家与商业经营者继承与发展传统的商业道德，而且要求商业道德教育须与现在企业的发展情况结合起来。市场经济从某种意义上说就是利益经济，在这种条件下，商业经营者势必会追求利益的最大化。那么追逐利益，会使商业经营者之间、商业经营者与其他企业之间发生矛盾与冲突。《论语·里仁》曰:“富与贵，是人之所欲也，不以其道得之，不处也。”《左传》曰:“德义，利之本也。”遵循德义，是可以产生利益的。作为商业经营者，要兴天下之利，“人欲之大公，天理之至正。”“富贵不能淫，贫贱不能移。”作为商业经营者，要做到像正人君子那样，“不义而富与贵，于我如浮云。”在商贸活动中，要树立以人民为中心的价值理念；作为商业经营者，参与商贸活动就是为了增加生产产品的流通，提高人民的生活，以达到民富国强的目的。在经营活动中，要使商业经营者意识到他们的商业活动，不论成功或失败，都须正当地去寻求利，恪守“德义，利之本也”，而且更要使商业工作者树立正确的利益观，树立一切以人民为中心的商业经营观和服务观。

商业道德的教育，不仅应使商业工作者继承传统的商业道德思想，而且更应树立为人民的社会主义道德观念与行为，树立为国家发展的价值观与人生观，从而在商业活动中提高自己的道德境界。

第三，明确政府在商业道德发展中的责任。一般的商业活动中，在对商业道德发展的外部环境上，政府的作用是不可忽视的重要因素。政府是经济、文化等政策的决策者、制定者、监督者，其通过宏观调控等方式，可以倡导或禁止商业经营者的行为，及时纠正或者制止商业经营者偏离轨道的行为，以便督促商业经营者遵守商业道德，合法经商，使之成为市场上诚信的商贸活动参与者与经营者。

作为市场经济条件下的政府，一方面，应担任好服务的角色，

营造有利于商业经营者与商业道德规范发展的外部氛围，制定好相关的政策，打击违反商业道德规范的行为，构建利于商贸活动发展的外部环境。另一方面，政府在市场经济条件应调整与转变好自己的角色，构建市场经济条件下的服务型政府，弘扬商业伦理道德，为企业发展提供信用方面的支撑和保障。

第四，营造有利于商业道德发展的文化氛围。“中国伦理是在中国的特殊文化土壤上孕育、生长起来的。”[1] 商业道德的继承与发展离不开商业道德教育，离不开政府的培育与支持，更离不开一定的文化氛围。有什么样的文化氛围，就会产生什么样的商业道德。

营造良好的文化氛围，推动商业道德的发展，须从以下几个方面入手。一是弘扬好传统伦理道德的文化。中华传统伦理道德文化，尤其是先秦的伦理道德文化是商业道德发展应汲取的精神财富，是我国宝贵的历史文化遗产，是中华民族的根。古往今来，商业活动的成功是与重视忠信、遵循道义有直接的关系。忠信、道义是商人们成功的核心密码，如晋商、现代商人的成功都是把忠信放到了第一位，其次才考虑利。在进行商贸活动的时候，都是把忠信、诚信放在首位，只有讲忠信才能够得到持续长远的利益，更大的利是讲究忠信、道义的结果，商人经商的成功秘诀就在于忠信的力量，讲忠信才能持续带来社会效益，赢得他人的信任，“取义利之财而无市井之气”，如此以来，彰显了忠信的巨大力量。如没有优秀的伦理道德文化，现代文化氛围的营造及现代商业道德的发展势必会受到很大的影响。二是要有勤俭自律进取的精神。勤俭、进取是古代

[1] 成中英：《文化伦理与管理》，贵阳：贵州人民出版社，1991 年第 1 页。

商人在经商活动中留给我们的宝贵精神财富，这也是一种商业美德，这种美德不仅是古代商人成功的法宝，而且是现代商人所要继承与弘扬的。“成由勤俭败由奢。”“一物一丝，当思来之不易。”在商业经营活动中，应当谨记古人商业活动中的经商概况，如晋商在家庭户院墙上就有“慎俭德”的字样，就是为了教育后人。同时，勤俭进取也是商人积累财富和扩大商业经营规模的重要手段，“勤是生财之道”，量入为出，笃行“勤俭、忠信”，纵观古代、现代的商人成功的密码多是“以勤俭起家，恪守忠信逐步发展壮大的”。“圣人之所信节也，小人之所淫佚也，俭节则昌，淫佚则亡。”（《墨子·辞过》）“共，同也，言有德者，皆有俭来也。”（《司马文正公传家集》卷六十七）治家如同商贸活动，要勤劳持作，又必节仓省衣，量入为出。勤俭进取是古代商人在商贸活动中重视经营活动的表现，也是中华民族优秀文化的重要构成部分，更是现代商人应当继承和传承的精神财富。三是有利的文化氛围侵染着商人的伦理精神。从古到今，商人的商业经营活动是在一定的文化环境中进行的，有着具体的历史环境。古代商业活动的发展离不开古代儒家文化，现代商业活动的发展离不开社会主义文化的熏陶。纵观历史的发展，不同历史时期，文化对商贸活动及其商人伦理精神的塑造起着至为关键性的作用，先秦时期的商人经营活动受到儒家文化的影响比较大，如忠信为本、以义制利等，“诗书，义之府也礼乐，德之则也德义，利之本也。”（《左传·僖公二十七年》）一个成功的商人曾经说过，一个成功的商人，不在于你赚取了多少的财富，而在于你对社会所做的贡献以及对社会产生的影响，如从事多少公益事业，解决了多少人的工作问题，带来了哪些方面的社会革新等，这其中就在于商人心中要有时刻为他人着想的奉献意识和社会服务意识。现代商业则是受到社会主义文化的影响，突出了社会主义核心价值观，更加注重了商人的奉献精神、服务意识和社会利益至上等，这些方面的凸显都是与当时的文化发展环境密切相关的。四是要“以义经商”的精神。“以义为利”“生财有道，以义为利。”商人从事商贸活动要“邻财兼，取与义。”“仁中取利直君子，义内求财大丈夫。”商人总结自己的经商之道，要始终做到“财自道生，利缘义生。”求利要遵循相应的道义规范，不论是否赚钱，要始终讲究道义，讲究仁义之道。“以义经商”，行仁义之道。“道”具有时代性的气息，以义取利中的“义”，在当今的社会条件下，显然是经过时代的扬弃，遵守的是社会主义和集体主义至上的大义，这也是当今社会条件下应当继承和发扬的，还应当继承的有吃苦耐劳的创业精神、道义至上的责任精神等。五是营造文化氛围要有长远的眼光。因为商业经营者的明天可能取决于他们今天所做的选择，所以营造文化氛围要有长远的眼光和战略的观点，要有可持续发展的观念，长期来推动商业道德的发展与培育。在营造文化氛围时，要抑止文化环境对商业道德发展的负面影响。特别是经济的快速增长，引起了文化层面上一些的变化，如唯利是图的价值观，诱发一些商人为谋利去违反商业道德。所以，在营造文化氛围时，要有长远的眼光，以便于商业道德能顺利地发展。

总之，先秦商业道德是古代伦理道德文化的重要构成部分，是我们进行社会主义商业道德建设时可供吸收和借鉴的精神财富。在历史上，它不仅对社会经济发展起了有力的促进作用，而且在当今社会主义经济建设中，先秦商业道德的优秀部分仍然是值得我们传承与弘扬的。唯有如此，先秦商业道德精神才能在商贸活动中发挥重要的作用，才能有效地保证商业企业和交易活动的正确方向，才能为社会主义经济建设提供强大的动力支撑，从而可以取得更多的经济效益与精神效益，有力推动社会经济的快速发展。

参考文献

一、马克思主义经典类

[1] 马克思恩格斯列宁斯大林著作中共中央编译局．马克思恩格斯选集（1—4 卷）[M]. 北京：人民出版社，2012.

[2] 中共中央马克思恩格斯列宁斯大林著作编译局．马克思恩格斯文集（1—10 卷）[M]. 北京：人民出版社，2009.

[3] 毛泽东．毛泽东选集（1—4 卷）[M]. 北京：人民出版社，1991.

[4] 中共中央文献研究室．毛泽东文集（1—2 卷）[M]. 北京：人民出版社，1993.

[5] 中共中央文献研究室．毛泽东文集（3—5 卷）[M]. 北京：人民出版社，1996.

[6] 中共中央文献研究室．毛泽东文集（6—8 卷）[M]. 北京：人民出版社，1999.

[7] 中共中央文献研究室．毛泽东书信选集 [M]. 北京：人民出版社，1983.

[8] 中共中央文献编辑委员会．邓小平文选（1—2 卷）[M]. 北京：人民出版社，1994.

[9] 中共中央文献编辑委员会．邓小平文选（第 3 卷）[M]. 北京：人民出版社，1993.

[10] 中共中央文献编辑委员会 . 江泽民文选（1—3 卷）[M]. 北京：人民出版社，2006.

[11] 中共中央文献编辑委员会 . 胡锦涛文选（1—3 卷）[M]. 北京：人民出版社，2016.

[12] 中共中央宣传部（国务院新闻办公室），中共中央文献研究室，中国外文出版发行事业局 . 习近平谈治国理政（第 1 卷）[M]. 北京：外文出版社，2018.

[13] 中共中央宣传部（国务院新闻办公室），中共中央文献研究室，中国外文出版发行事业局 . 习近平谈治国理政（第 2 卷）[M]. 北京：外文出版社，2017.

[14] 中共中央宣传部（国务院新闻办公室），中共中央文献研究室，中国外文出版发行事业局 . 习近平谈治国理政（第 3 卷）[M]. 北京：外文出版社，2020.

二、古籍与注疏类

[1] 李学勤 . 十三经注疏（标点本）[M]. 北京：北京大学出版社，1999.

[2] 诸子集成 [M]. 北京：中华书局，2006.

[3] 司马迁 . 史记 [M]. 北京：中华书局，1982.

[4] 桑弘羊 . 盐铁论校注 [M]. 北京：中华书局，1992.

[5] 王弼 . 王弼集校释 [M]. 北京：中华书局，1980.

[6] 柳宗元 . 柳宗元文集 [M]. 北京：中华书局，1979.

[7] 李觏 . 李觏集 [M]. 北京：中华书局，2011.

[8] 程颢，程颐 . 二程集 [M]. 北京：中华书局，1981.

[9] 朱熹 . 朱子全书 [M]. 上海：上海古籍出版社，2010.

[10] 陆九渊 . 陆九渊集 [M]. 北京：中华书局，1980.

[11] 王守仁 . 王阳明全集 [M]. 上海：上海古籍出版社，1992.

[12] 王夫之 . 宋论 [M]. 北京：中华书局，1964.

[13] 王夫之 . 读四书大全说 [M]. 北京：中华书局，1975.
[14] 苏舆 . 春秋繁露义证 [M]. 北京：中华书局，1992.
[15] 吴毓江 . 墨子校注 [M]. 北京：中华书局，1993.
[16] 孙诒让 . 墨子间诂 [M]. 北京：中华书局，2001.
[17] 王先谦 . 论语正义 [M]. 北京：中华书局，1990.
[18] 杨伯峻 . 论语译注 [M]. 北京：中华书局，1980.
[19] 杨伯峻 . 春秋左传注 [M]. 北京：中华书局，2009.
[20] 刘尚慈 . 春秋公羊传译注 [M]. 北京：中华书局，2010.
[21] 朱谦之 . 老子校释 [M]. 北京：中华书局，1984.
[22] 陈戍国 . 四书五经（校注本）[M]. 长沙：岳麓书社，2006.
[23] 黎翔凤 . 管子校注 [M]. 北京：中华书局，2004.
[24] 王利器 . 颜氏家训集解 [M]. 北京：中华书局，1993.
[25] 陈故应 . 老子注释及评介 [M]. 北京：中华书局，2009.

三、著作类

[1] 陈瑛 . 中国伦理思想史 [M]. 长沙：湖南教育出版社，2004.
[2] 陈来 . 中国近世思想史研究 [M]. 北京：商务印书馆，2003.
[3] 康中乾 . 中国古代哲学的本体论思想 [M]. 北京：中国社会科学出版社，2019.
[4] 陈来 . 古代宗教与伦理：儒家思想的根源 [M]. 北京：生活・读书・新知三联书店，2009.
[5] 陈来 . 朱子哲学研究 [M]. 北京：生活・读书・新知三联书店，2010.
[6] 陈少锋 . 中国伦理思想史 [M]. 北京：北京大学出版社，1996.
[7] 王正平 . 现代伦理学 [M]. 北京：中国社会科学出版社，2001.
[8] 鲁友章，李宗正 . 经济学史 [M]. 北京：人民出版社，1965.
[9] 陈劲松 . 儒化中国的维度 [M]. 北京：中国戏剧出版社，2006.

[10] 吴灿新．当代中国伦理精神：市场经济与伦理精神 [M]. 广州：广东人民出版社，2001.
[11] 晁天义．先秦道德与道德环境 [M]. 北京：中国社会科学出版社，2010.
[12] 杨国荣．伦理与存在 [M]. 上海：上海人民出版社，2002.
[13] 蔡尚思．中国礼教思想史 [M]. 上海：上海古籍出版社，2006.
[14] 崔大华．儒学引论 [M]. 北京：人民出版社，2001.
[15] 冯友兰．中国哲学史新编 [M]. 上海：华东师范大学出版社，2000.
[16] 冯契．中国古代哲学的逻辑发展 [M]. 上海：东方出版中心，2009.
[17] 江雪莲．现代商业伦理 [M]. 北京：中央编译出版社，2002.
[18] 万光侠．市场经济与人的存在方式 [M]. 北京：人民公安大学出版社，2002.
[19] 樊浩．伦理精神的价值生态 [M]. 北京：中国社会科学出版社，2001.
[20] 樊浩．道德形而上学的精神哲学基础 [M]. 北京：中国社会科学出版社，2006.
[21] 王伟中．地方可持续发展导论 [M]. 北京：商务印书馆，1999.
[22] 史蒂文・卢克斯．个人主义 [M]. 南京：江苏人民出版社，2001.
[23] 方克立，李锦全．现代新儒家学案 [M]. 北京：中国社会科学出版社，1995.
[24] 郭伟川．先秦六经与中国主体文化 [M]. 北京：北京图书出版社，2007.
[25] 王伟光．利益论 [M]. 北京：人民出版社，2001.
[26] 冷鹏飞．中国古代社会商品经济形态研究 [M]. 北京：中华书局，2002.

[27] 侯外庐 . 中国思想通史（第一卷）[M]. 北京：人民出版社，1957.
[28] 何怀宏 . 良心论 [M]. 北京：北京大学出版社，2009.
[29] 金春峰 . 汉代思想史 [M]. 北京：中国社会科学出版社，2006.
[30] 刘光明 . 经济活动伦理研究 [M]. 北京：中国人民大学出版社，1999.
[31] 陈宝庭 . 经济伦理学 [M]. 大连：东北财经大学出版社，2001.
[32] 亚当 · 斯密 . 国民财富的性质和原因的研究 [M]. 北京：商务印书馆，1974.
[33] 宋惠昌 . 应用伦理学 [M]. 北京：中央党校出版社，2001.
[34] 张松山 . 中国商人精神 [M]. 北京：中国商业出版社，2012.
[35] 姜广辉 . 中国经学思想史（第一卷）[M]. 北京：中国社会科学出版社，2003.
[36] 康中乾 . 魏晋玄学 [M]. 北京：人民出版社，2008.
[37] 罗国杰 . 伦理学 [M]. 北京：人民出版社，1989.
[38] 罗国杰 . 中国传统道德 [M]. 北京：中国人民大学出版社，1995.
[39] 罗国杰 . 中国伦理思想史 [M]. 北京：中国人民大学出版社，2008.
[40] 朱伯崑 . 先秦伦理概论 [M]. 北京：北京大学出版社，1984.
[41] 周中之，高惠珠 . 经济伦理学 [M]. 上海：华东师范大学出版社，2002.
[42] 乔法容，朱金芮 . 经济伦理学 [M]. 北京：人民出版社，2004.
[43] 李泽厚 . 中国古代思想史论 [M]. 北京：生活·读书·新知三联书店，2008.
[44] 李俊源 . 中国商业史 [M]. 北京：中央广播电视出版社，1995.
[45] 吴慧 . 中国古代商业史（第一册）[M]. 北京：中国商业出版社，1983.

[46] 李学勤 . 中国古代文明研究 [M]. 上海：华东师范大学出版社，2009.

[47] 李德顺 . 价值论 [M]. 北京：中国人民大学出版社，2007.

[48] 李申 . 简明儒学史 [M]. 北京：中国人民大学出版社，2006.

[49] 刘余莉 . 儒家伦理学：规则与美德的统一 [M]. 北京：中国社会科学出版社，2011.

[50] 王海明 . 新伦理学 [M]. 北京：商务印书馆，2001.

[51] 龚群 . 当代中国社会伦理生活 [M]. 成都：四川人民出版社，1989.

[52] 刘智峰 . 道德中国 [M]. 北京：中国社会科学出版社，2001.

[53] 刘泽华 . 中国政治思想史论集 [M]. 北京：人民出版社，2008.

[54] 劳思光 . 新编中国哲学史 [M]. 桂林：广西师范大学出版社，2005.

[55] 鲁芳 . 道德的心灵之根—儒家“诚”论研究 [M]. 长沙：湖南师范大学出版社，2004.

[56] 黄建中 . 比较伦理学 [M]. 济南：山东人民出版社，1998.

[57] 夏伟东 . 道德本质论 [M]. 北京：中国人民大学出版社，1991.

[58] 牟宗三 . 心体与性体 [M]. 上海：上海古籍出版社，1999.

[59] 牟宗三 . 从陆象山到刘蕺山 [M]. 上海：上海古籍出版社，1999.

[60] 牟宗三 . 政道与治道 [M]. 桂林：广西师范大学出版社，2006.

[61] 牟宗三 . 历史哲学 [M]. 桂林：广西师范大学出版社，2007.

[62] 万俊人 . 道德之维 [M]. 广州：广东人民出版社，2000.

[63] 何怀宏 . 底线伦理 [M]. 沈阳：辽宁人民出版社，1998.

[64] 蒙培元 . 中国哲学主体思维 [M]. 北京：人民出版社，1993.

[65] 蒙培元 . 心灵超越与境界 [M]. 北京：人民出版社，1998.

[66] 钱穆 . 中国近三百年学术史 [M]. 北京：商务印书馆，1997.

[67] 钱穆 . 朱子新学案 [M]. 北京：九州出版社，2011.
[68] 任继愈 . 中国哲学史（1—3 册）[M]. 北京：人民出版社，1996.
[69] 任继愈 . 中国哲学史（第 4 册）[M]. 北京：人民出版社，1996.
[70] 厉以宁 . 经济学的伦理问题 [M]. 北京：生活·读书·新知三联书店，1995.
[71] 王小锡，宣云风 . 现代经济伦理学 [M]. 南京：江苏人民出版社，2000.
[72] 章海山 . 经济伦理学 [M]. 广州：中山大学出版社，2001.
[73] 龚群 . 中国商业道德 [M]. 成都：四川人民出版社，1999.
[74] 汤一介 . 郭象与魏晋玄学 [M]. 北京：北京大学出版社，2009.
[75] 汤一介，李中华 . 中国儒学史 [M]. 北京：北京大学出版社，2011.
[76] 唐君毅 . 文化意识与道德理性 [M]. 桂林：广西师范大学出版社，2005.
[77] 唐代兴 . 生存与幸福伦理构建的知识论原理 [M]. 北京：中国社会科学出版社，2010.
[78] 余谋昌 . 生态伦理学 [M]. 北京：首都师范大学出版社，1999.
[79] 朱贻庭 . 中国传统伦理思想史 [M]. 上海：华东师范大学出版社，1994.
[80] 欧阳辉纯 . 传统儒家忠德思想研究 [M]. 北京：人民出版社，2017.
[81] 倪愫襄 . 伦理学导论 [M]. 武汉：武汉大学出版社，2002.
[82] 沈继成 . 智——千古闪烁的心灵之光 [M]. 桂林：广西人民出版社，1997.
[83] 韦政通 . 中国思想史 [M]. 长春：吉林出版集团有限责任公司，2009.
[84] 万俊人 . 寻求普世伦理 [M]. 北京：北京大学出版社，2009.

[85] 王泽应 .20 世纪中国马克思主义伦理思想研究 [M]. 北京：人民出版社，2008.

[86] 吴来苏，安云凤 . 中国传统伦理思想评介 [M]. 北京：首都师范大学出版社，2002.

[87] 刘泽华 . 公私观念与中国社会 [M]. 北京：中国人民大学出版社，2003.

[88] 吴忠 . 市场经济与现代伦理 [M]. 北京：人民出版社，2003.

[89] 徐复观 . 中国人性论史 [M]. 上海：华东师范大学出版社，2001.

[90] 肖群忠 . 孝与中国文化 [M]. 北京：人民出版社，2001.

[91] 肖群忠 . 道德与人性 [M]. 郑州：河南人民出版社，2003.

[92] 肖群忠 . 传统道德与中华人文精神 [M]. 北京：中国人民大学出版社，2019.

[93] 肖群忠 . 中国道德智慧十五讲 [M]. 北京：北京大学出版社，2008.

[94] 唐凯麟，张怀承 . 成人与成圣——儒家伦理道德精粹 [M]. 长沙：湖南大学出版社，1999.

[95] 许建良 . 先秦儒家的道德世界 [M]. 北京：中国社会科学出版社，2008.

[96] 余英时 . 士与中国文化 [M]. 上海：上海人民出版社，2003.

[97] 余英时 . 朱熹的历史世界宋代士大夫政治文化研究 [M]. 北京：生活 · 读书 · 新知三联书店，2004.

[98] 汪昌海，李桂娥 . 华夏货殖五千年 [M]. 武汉：湖北人民出版社，2000.

[99] 余英时 . 现代儒学论 [M]. 上海：上海人民出版社，2010.

[100] 杨国荣 . 善的历程——儒家价值体系研究 [M]. 上海：华东师范大学出版社，2009.

[101] 杨国荣 . 孟子的哲学思路 [M]. 上海：华东师范大学出版社，2009.
[102] 周立升，颜炳罡 . 儒家文化与当代社会 [M]. 济南：山东大学出版社，2002.
[103] 马永庆 . 中国传统道德概论 [M]. 济南：山东大学出版社，2000.
[104] 杨建祥 . 儒家官德论 [M]. 南昌：江西人民出版社，2007.
[105] 张岱年 . 中国哲学大纲 [M]. 北京：中国社会科学出版社，1982.
[106] 张岱年 . 中国伦理思想研究 [M]. 南京：江苏教育出版社，2009.
[107] 张锡勤 . 中国传统道德举要 [M]. 哈尔滨：黑龙江大学出版社，2009.
[108] 郭学勤 . 中华商德 [M]. 北京：中华工商联合出版社，1998.
[109] 陈为民 . 儒家伦理与现代企业精神的承接 [M]. 北京：中国社会出版社，1997.
[110] 张继军 . 先秦道德生活研究 [M]. 北京：人民出版社，2011.
[111] 叶敬德 . 市场经济与商业伦理 [M]. 上海：复旦大学出版社，2003.
[112] 乔力 . 商贾之道 [M]. 桂林：广西师范大学出版社，1996.
[113] 张德胜 . 儒家伦理与社会秩序：社会学的诠释 [M]. 上海：上海人民出版社，2010.
[114] 高文舍 . 中国古代人的富裕之梦 [M]. 北京：新华出版社，1991.
[115] 张大可 . 司马迁评传 [M]. 南京：南京大学出版社，1994.
[116] 邹进文 . 商战智慧——管子 [M]. 武汉：湖北人民出版社，2003.
[117] 潘承烈 . 中国古代管理思想之今用 [M]. 北京：中国人民大学出版社，2001.
[118] 朱贻庭 . 中国传统伦理思想史 [M]. 上海：华东师范大学出版社，2009.

[119] 郑国光 . 圣王之道先秦诸子的经世智慧 [M]. 北京：中华书局，2010.

[120] 唐凯麟 . 西方伦理学名著提要 [M]. 南昌：江西人民出版社，2000.

[121] 刘文英 . 中国哲学史 [M]. 天津：南开大学出版社，2002.

[122] 李刚，刘建仓 . 诚行天下：中国传统商人诚信文化探寻 [M]. 北京：中国社会科学出版社，2012.

[123] 余龙生 . 明清商业伦理思想研究 [M]. 南昌：江西人民出版社，2016.

[124] 唐力行 . 商人与中国近世社会 [M]. 杭州：浙江人民出版社，1993.

[125] 李乔 . 中国行业神崇拜 [M]. 北京：中国华侨出版公司，1990.

[126] 党诚恩 . 中国商业史话 [M]. 北京：中国商业出版社，1986.

[127] 马金章 . 子贡与中华儒商文明 [M]. 郑州：中州古籍出版社，2011.

[128] 宋长琨 . 儒商文化概论 [M]. 北京：高等教育出版社，2010.

[129] 李俊源，王相钦，庞蕴生 . 中国商业史教程 [M]. 北京：中国商业出版社，1993.

[130] 宁一 . 中国商道：晋商徽商浙商货通天下商经 [M]. 北京：地震出版社，2006.

四、译著类

[1] 亚里士多德 . 尼各马可伦理学 [M]. 廖申白，译 . 北京：商务印书馆，2003.

[2] 田浩 . 朱熹的思维世界 [M]. 南京：江苏人民出版社，2009.

[3] 约翰·罗尔斯 . 正义论 [M]. 何怀宏，何包钢，廖申白，译 . 北京：中国社会科学出版社，1988.

[4] 费希特 . 伦理学体系 [M]. 梁志学，李理，译 . 北京：商务印书馆，2007.

[5] 肯尼迪 . 怎样在国外做生意 [M]. 王燕然，徐静之，译 . 北京：中国对外经济贸易出版社，1989.

五、硕士论文

[1] 李建立 . 先秦的商业道德及其现代价值 [D]. 桂林：广西师范大学，2005.

六、论文类

[1] 范鹏，白奚 . “礼”“忠”“孝”的现代诠释 [J]. 孔子研究，1997（4）：33–38.

[2] 万俊人 . 人为什么要有道德？（上）[J]. 现代哲学，2003（1）：65–75.

[3] 万俊人 . 人为什么要有道德？（下）[J]. 现代哲学，2003（2）：46–50，58.

[4] 徐少锦 . 中国古代的商业道德 [J]. 哲学动态，1997（10）：43–45.

[5] 苏平富，苏国辉 . 象征思维：中国传统哲学的致思方式 [J]. 广西师范大学学报（哲学社会科学版），2000（3）：9–13.

[6] 苏平富 . 社会转型时期的人学研究 [J]. 社会科学家，2000（3）：12–15.

[7] 阎树群，张帆 . 论习近平治国理政思想的逻辑起点 [J]. 马克思主义研究，2017（8）135–143,160.

[8] 崔利萍，阎树群 . 中国特色社会主义文化自信的三重逻辑 [J]. 思想教育研究，2017（7）：37–41.

[9] 陈新元 . 古代商业道德刍议 [J]. 道德与文明，1986（5）：22–23.

[10] 李建立．试论古代商业道德形成的理论基础和思想渊源 [J]. 改革与战略，2011，27（5）：3.

[11] 李建立．试论先秦商业道德的产生条件 [J]. 商业时代，2009(10): 124–126.

后记

本书是在本人硕士论文的基础上完善而成。

论文从选题到修改，苏平富教授倾注了大量的心血。在攻读博士学位期间，我也得到了阎树群教授的细心指导和耐心帮助，但是学生我天生愚钝，没有达到导师之要求颇多，未达到导师之意犹多，唯有以后多加学习来加以弥补。导师们学识渊博、治学严谨、睿智儒雅、理念前瞻、思想深邃，对导师的教诲之泽、提携之恩、帮助之情，心怀感恩，终生难忘。真情，铭记在心，师生恩情，毕生难忘。

感谢平顶山学院相关部门的关心、支持！你们是我前进的动力，你们对我的帮助，我始终心怀感恩之情！我要感谢我的父母、妻子以及哥哥姐姐。父母的叮咛和嘱托给予我求学动力，妻子郭果默默无闻劳作，使我不敢有所懈怠，他们是我学习的动力和行动的楷模。

我更要感谢给予我爱心与帮助的人。同时，我在写作的过程中参阅了许多他人或前人的研究成果，从中获益匪浅。虽然，我力图在本文的注释中尽量一一列出，但难免会有遗漏之处，特在此表示歉意与感谢，在此我向所有被引用的论著及文章的作者表示深深的感谢。由于本人的学识有限，本文仍然存在错误与不足之处，恳请专家和同行的老师、同学给予指教。

还要特别感谢出版社的编辑，为本书的出版付出了辛勤的劳动，感谢他们的努力付出，才得以成就了拙著。

李建立

2021 年 7 月